… und dann gib's zur Tafel

Die Deutsche Bibliothek – CIP-Einheitsaufnahme

Unterwurzacher, Luise: … und dann gib's zur Tafel.
Herrschaftliches Kochen im alten Tirol.
Hall in Tirol : Berenkamp, 1997
ISBN 3–85093–082–3

ISBN 3–85093–082–3

Druckvorbereitung und Umschlaggestaltung: Pinxit, Absam
Druck und Bindearbeiten: Athesia-Tyrolia, Innsbruck
Gedruckt in Österreich – Printed in Austria

Luise Unterwurzacher

… und dann gib's zur Tafel

Herrschaftliches Kochen im alten Tirol

Berenkamp

Inhaltsverzeichnis

Vorwort

In Prägraten – im hinteren Iseltal gelegen und bekannt geworden durch Sängerknaben, Großvenediger und Umbalfälle – wurde vor einigen Jahren im Dachboden eines Bauernhauses ein altes, handgeschriebenes Buch gefunden. Experten geben ihm ein Alter von mindestens 200 Jahren; Schrift und Sprache lassen darauf schließen. Inhaltlich handelt es sich um ein Kochbuch besonderer Art.

„Viele Köche verderben den Brei“, weiß ein altes Sprichwort. Zumindest für das vorliegende Buch hat diese Weisheit keine Gültigkeit, denn was da mehrere Hände an Gaumenfreuden zu Papier gebracht haben, ist keine deftige Hausmannskost aus fernen Tälern und Tagen, sondern erlesene Küche, wie sie wohl nur in den Häusern der Adeligen und des wohlhabenden Bürgertums gepflegt werden konnte. Der (Haupt-)Schreiber war ohne Zweifel ein begnadeter Kochkünstler und im Dienst des Fürstenhofes oder einer gräflichen Herrschaft tätig. Es ist anzunehmen, daß er seinen Beruf bis ins hohe Alter ausübte. Sein Wirkungsbereich ist mit großer Wahrscheinlichkeit dem Großraum Tirol (mit Südtirol) zuzuordnen. Materialbezeichnungen, Ingredienzien, Maße und Gewichte lassen darauf schließen.

Beeindruckend ist, wieviel Zeit und Sorgfalt für die Herstellung der Speisen aufgewendet wurden. Es ist in unserer hektischen Zeit zum Beispiel kaum vorstellbar, in der Vorbereitung einer Torte den Teig „eine Stunde gut zu rühren“. Die mühsame händische Zubereitung der Speisen und das Fehlen jeglicher Hilfsmittel wie Backpulver oder Gelee, lassen ahnen, mit wie viel Energie, Freude und Stolz der Beruf des Speisenkochs ausgeübt wurde.

Am Kochbuch beteiligt sind zumindest drei Verfasser, wobei der Hauptschreiber den weitaus größten Teil der Aufzeichnungen verfaßte, die anderen Hände aber nur einzelne Rezepte an- bzw. beifügten.

Für die Eintragungen verwendeten die Schreiber die Feder als Schreibgerät und sepiafarbene Tinte als Schreibflüssigkeit. Die in die Breite gezogene, deutlich nach rechts geneigte Kurrentschrift weist keine auffallenden Besonderheiten auf und ist nur an wenigen Stellen – teilweise durch Kleckse, Schmierungen oder Papierfehler – schwer lesbar. Das Papier kann infolge fehlender Wasserzeichen keiner bestimmten Mühle zugeordnet werden. Auffallend sind jedoch die sogar greifbaren Schwankungen in der Grammatur. Bei einigen Seitenblättern hat man infolge der Dicke des Blattes das Gefühl, gleich zwei Blätter in den Fingern zu haben.

Das Buch ist fadengeheftet und in einen starken Kartondeckel eingeklebt. Einige Blätter und der Umschlag sind stark abgegriffen.

Der von den Schreibern zu Papier gebrachte Text wird in der vorliegenden Transkription wortgetreu wiedergegeben. Wo der Text nicht eindeutig zu entziffern war, ist dies durch ein in Klammern angefügtes Fragezeichen markiert. Formelle Änderungen erfolgen nur dort, wo sie zum besseren Verständnis des Textes notwendig scheinen: Den heute gültigen Regeln weitgehend angepaßt werden daher die Groß- und Kleinschreibung sowie die Getrennt- und Zusammenschreibung. Andere Fehler – Casusfehler, Numerusfehler, Tempusfehler und dergleichen – werden nicht berichtigt und damit vorlagengetreu wiedergegeben.

Die Absatzgestaltung wird beibehalten. Die Einschaltung einer Leerzeile markiert den Übergang zu einem neuen Rezept, die Seitensprünge sind aus optischen Gründen unverändert. Schwer verständliche Schachtelsatzkonstruktionen werden, soweit dies möglich ist, durch Strichpunkte unterbrochen oder durch Punkte in mehrere selbständige Sätze unterteilt.

Das Setzen der Interpunktionen, insbesondere von Beistrichen, entspricht nicht immer der Vorlage, sondern wird vor allem dort, wo es für das leichtere Verständnis angebracht scheint, den geltenden Regeln angepaßt.

Fehler (nach heutigen Rechtschreibregeln) bleiben unberücksichtigt. Im Text vorkommende Abbreviaturen werden aufgelöst. Zum Verständnis notwendige „Übersetzungen" finden sich im Anmerkungsapparat am Ende des Buches, wo auch Maße und Gewichte zusammengefaßt sind.

Die Paginierung wurde der Buchvorlage angepaßt, sodaß eigentlich von Foliierung gesprochen werden muß; eine Foliennummer gilt für zwei Seiten! In der Buchvorlage findet sich die Paginierung im oberen Außeneck der jeweiligen Seite. Zur leichteren Handhabung erfolgt eine zweite Numerierung (in üblicher Art) jeweils auf der Seite der Transkription.

Neben den Rezepten faszinierte mich auch die Kurrentschrift der Originalvorlage. Diese schöne Art zu schreiben ist in Vergessenheit geraten. Wenn überhaupt, dann fristet sie in geschlossenen Laden ein unbeachtetes Dasein. Um diesen Schreibstil wenigstens im kleinen Rahmen wieder in Erinnerung zu rufen, habe ich mich an die Arbeit gemacht und dieses Buch zusammengestellt.

Mein besonderer Dank gebührt Frau Aloisia Wallner, die mir das Originalbuch zur Bearbeitung übergeben hat, sowie dem Friedel, der für die Fotos zuständig war.

Ich wünsche dem Leser viel Freude beim Durchblättern und beim Nachkochen des einen oder anderen Rezepts.

Prägraten, Herbst 1996 *Luise Unterwurzacher*

Rosoli-Budin

Mach von einen Ey feine Nudeln und koche sie in ein Seitel Obers gut aus; hernach mache von 2 Löffel voll Mehl, ein Seitel Obers, in welches 2 ganze Eyer geschlagen werden, ein gut gerührtes und eingesottenes Kindskoch; laß gut auskühlen, thue es in einen Weidling, treibe es mit 4 Loth Butter gut ab; hernach schlage 4 ganze Eyer und 4 Dötter darein und verrühre es sehr pflaumig; nach diesen thue die ausgekochten Nudel darunter rühren, zuckere es nach Belieben, nimm auch ein halb Seitel weißen Fanilli-Rosoli und rühre ihn darunter, dann schmier das Beck mit Butter, füttre es mit Buttertaig, fülle den Hasch hinein und back ihn schön in Ofen; so ist er fertig.

Rosoli Koch

Mach von einem Eÿ einen Nudeln und
koche sie in ein Seitel Obers gut aus,
hernach mache von 2 Löffel voll Mehl,
ein Seitel Obers, in welches 2 ganze
Eÿer geschlagen worden, ein gut gerührtes mit einigen Stückel Zuck-
koch, lass gut auskühlen, thue es in
einen Weidling, treibe es mit 4
Loth Butter gut ab, hernach schlage 4
ganze Eÿer und 4 Dotter daran
und vermische es sehr pflaumig,
nachdem thue die ausgekochten
Nudeln darunter rühren, zuckere es
nach Belieben, thue auch ein halb
Seitel weissen Ganille Rosoli und
rühre es darunter, dann schmiere
das Model mit Butter, bestreue mit
Butterteig, fülle den Teig hinein und bache ihn schön in Ofen
so ist er fertig.

Himmelthau Torte.

Siede um 2 Kreizer Obers ein Vierting Himmelthau dick ein, lasse ihn gut auskochen, nachdem auskühlen, treib 4 Loth Butter pflaumig ab und rühre den Himmelthau darunter, schlage 4 ganze Eyer und 4 Dotter hinein, eines nach dem andern gut verrührt, Zucker nach Belieben, gieb auch um 3 Kr. Vanilli darunter, schmiere das Rein mit Butter, besäe es mit Bröseln, treib mit Butter Teig aus und fülle die Hälfte ein, gieb eingesottene Ribiseln darauf, hernach gieb den Teig darauf und back ihn in Ofen schön, so ist er fertig.

Weiße Buttermilch Torte.

Nimm ein halb Pfund Butter, treib ihn pflaumig ab, rühre 12 Loth fein gestossene Mandeln

Himmelthau-Budin

Siede in 2 Seitel Obers ein Vierting Himmelthau dick ein; lasse ihn gut auskochen, nachdem auskühlen; treib 4 Loth Butter pflaumig ab und rühre den Himmelthau darunter; schlage 4 ganze Eyer und 4 Dötter hinein, eines nach dem andern gut verrührt, zuckre es nach Belieben, gieb auch um 3 Kreuzer Fanilli darunter; schmier das Beck mit Butter, besäe es mit Bröseln, legs mit Butter-Taig aus und füll die Hälfte ein; gieb eingesottene Riebisel darauf, hernach gieb den Taig darauf und back ihn in Ofen schön; so ist er fertig.

Kaiser-Budin mit Schato

Nimm ein halb Pfund Butter, treib ihn pflaumig ab, rühre 12 Loth fein gestossene Mandeln ...

… darunter; nachdem rühr auch einen Vierting gestossenen Zucker darunter, schlage auch 6 ganze Eyer und 6 Dötter hinein, verrühre eines nach dem andern gut; nach diesen rühr von einer Lemoni die Schäler fein geschnitten darunter, rühr um 3 Kreuzer Fanille die Hälfte darunter, dann schmier das Beck mit Butter, füll es ein und laß ihn eine gute Stund in Dunst sieden; nach dem stürze ihn auf die Schüßel und schütte den Schato darüber, so ist er fertig.

Den Schato macht man von ein Seitel Wasser und druckt von 4 Lemoni den Saft hinein; laß ihn mit ein Vierting Zucker sieden, hernach sprüdle ihn mit 14 Eyer-Döttern solang ab, bis er dick ist; nach dem gieb den Vanilli darunter und schütte ihn darüber.

darunter, nach einen rühr auch einen
Vierting gestossenen Zucker darunter, geschlagen auch 6 ganze Eyer
und 6 Dotter hinein, vermischen eines
nach dem Sandtun gut, nach diesem
rühr von einem Lemoni die
Schalen klein geschnitten darunter,
rühr um 3 kr Vanille die
Hälfte darunter, dann schmiere
das Model mit Butter, fülle es ein
und laß es eine gute Stund in
Dunst sieden, nachdem stürze
ihn auf die Schüssel und schütte
die Schato darüber, so ist er
fertig. Eine Schato mache
man von ein Seitel Wasser und
Saft von 4 Lemoni in ein Kastl
hinein, laß es mit ein Vierting
Zucker sieden, hernach sprudle
ihn mit 14 Eyer Dottern solang
als bis er dick ist, nachdem gieb
ein Vanille darunter und schütte
ihn darüber.

4.) Englischer Budin mit Schato.

Nimm 2 X^er Semmeln abgerieben und
gewürfelt geschnitten, nimm dazu
ein Vierting ausgelöste gestiftelte
Zibeben, auch einen halben Vierting
Weinbeerl, und um 3 X^er gestiftelten Zitronat, wie auch um 3 X^er
gestiftelte Pistazen und von einer
halben Limoni die Schaler klein
geschnitten und darunter gegeben,
dergleichen um 3 X^er gewürfelt
geschnitten Mark darunter, hernach nimm ein grosses Seidel Obers
mit 4 ganzen Eyern und mit
4 Loth Zucker gesprudelt und
darüber gegossen, dann lass es gut
anziehen, nachdem schmiere das
Model mit Butter, fülle ihn
ein und siede ihn 2 Stund im
Dunst, bis er zusammen
gesotten ist, und wenn du
ihn brauchst, so stürze ihn auf
die Schüssel und gib den Schato
darüber, so ist er fertig.

Englischer Budin mit Schato

Nimm 2 Kreuzer Semeln, abgerieben und gewürfelt geschnitten; nimm dazu ein Vierting ausgelöste, gestiftlete Zibeben, auch einen halben Vierting Weinberl und um 3 Kreuzer gestifleten Zitranat, wie auch um 3 Kreuzer gestiflete Pistazen und von ein halben Lemoni die Schäler, fein geschnitten und darunter gegeben; deßgleichen um 3 Kreuzer gewürfelt geschnittenes Mark darunter, hernach nimm ein groß Seitel Obers, mit 4 ganzen Eyern und mit 4 Loth Zucker gesprüdelt und darüber geschütt, dann laß es gut anziehen; nach dem schmier das Beck mit Butter, fülle ihn ein und siede ihn solang in Dunst, bis er zusammen gesotten ist, und wenn du ihn brauchst, so stürz ihn auf die Schüssel und gieb den Schato darüber; so ist er fertig.

Den Schato macht man von einen großen Seitel Wein, sied ihn mit ein Vierting Zucker und Lemoni-Schälerl ein; hernach sprüdle ihn mit 18 Eyer-Döttern solang ab, bis er dick ist; nach diesen gieb ein wenig Fanille darunter und schütt ihn darüber.

Den ausgelegten Reis-Budin mit Kaiser-Bisgotten

Nimm anderthalb Vierting Reis, sied ihn in 3 Seitel Obers recht weich, nach diesen streiche ihn durch ein sauberes Suppensieb, treibe 6 Loth Butter schön pflaumig ab, rühre den Reis darunter, schlag 5 Eyer-Dötter daran, und verrühre eins nach dem andern recht gut; hernach schlag die Klar zu einen Schnee und rühr es darunter; desgleichen auch um 3 Kreuzer Fanille und 6 Loth feingestossenen Zucker darunter gerührt; nach dem schmier das Beck mit Butter, lege es mit Kaiser-Bisgotten …

Einen Schato macht man von einem großen Seitel Wein, sied ihn mit ein Vierting Zucker und Lemoni Schalerl rein, hernach sprudelt ihn mit 8 Eyer Dottern so lang ab bis er dick ist, nach diesen gibt man ein wenig Vanille darunter und schütt ihn darüber.

3 Einen aufgelegten Reis Koch mit Welscher Bisgoten.

Nimm ein und einhalb Vierting Reis, sied ihn in ein 3 Seitel Obers recht weich, nach diesen streich ihn durch ein [illegible] Suppensieb, treib 6 Loth Butter schön pflaumig ab, rühr den Reis darunter, schlag 5 Eyerdotter daran, eins nach dem andern recht gut, hernach schlag die Klar zu einem Schnee und misch es darunter, endlichen auch um 3 Xr Vanille und 6 Loth fein gestossenen Zucker darunter gemischt, mach einen Schüssel [illegible] mit Buttern, leg es mit Welscher Bisgotten

6.9 aus, auch die Glanz Seiten aber
muß Bröseln von Butter kommen, auf
den Boden mache eine Dose von
halben Reiser Biskotten, thue ein
Theil Reis darauf, einen Theil färbe mit geriebener Schokolade schwarz
und gieb ihn darauf, sodann lege
wieder einen Theil weissen Reis
darauf, mache in der Mitte wieder
eine Dose von Reiser Biskotten,
fülle jede mit etwas eingesottenen, nach diesem decke es mit
einem Reis, zu einem Theil Reis
färbe mit ein paar dunkle Dotter, reibe eine Pomeranze mit
einem Stückel Zucker ab, dann
zerreibe ihn und rühre ihn darunter und gebe ihn darauf, nach
diesem decke ihn wieder mit weißen
Reis zu, mache ihn ins das Rohr
in Dunst, laß ihn eine gute
Stund sieden, so ist er ganz
fertig.

... aus, (???) die Glanz-Seiten aber muß auf den Butter kommen; auf den Boden mache eine Rose von halben Kaiser-Bisgotten, thue ein Theil Reis darauf, einen Theil färbe mit geriebenen Schokolade schwarz und gieb ihn darauf; hernach lege wieder einen Theil weichen Reis darauf, mache in der Mitte wieder eine Rose von Kaiser-Bisgotten, fülle jede mit etwas Eingesottenen; nach diesen decke es mit einen Reis, zu einen Theil Reis färbe mit ein paar dunkle Dotter, reibe eine Pomeranze mit einem Stückel Zucker ab, dann zerreibe ihn und rühre ihn darunter und gieb ihn darauf; nach diesen decke ihn wieder mit weißen Reis zu; nach dem sez das Beck in Dunst, laß ihn eine gute Stund sieden; so ist er ganz fertig.

Reis-Meridon

Sied ein halb Pfund Reis in einer Maß Obers recht weich, dann schlag ihn durch, treib ein Vierting Butter pflaumig ab, rühre den Reis darunter und schlag 14 ganze Eyer, auch 6 Dötter, eins nach dem andern, daran und gut verrühren; zuckre ihn nach deinen Belieben, rühr auch um 3 Kreuzer Fanille darunter, nach dem schmier das Beck mit Butter, besäe es mit Bröseln und legs mit Butter-Taig aus, nach dem füll die Hälfte Reis hinein und fülls mit Eingesottnen, gieb den andern Reis darauf, back ihn in Ofen; so ist er fertig.

Das Marzipan-Koch

Nimm ein groß Seidel Milch in ein Häferl, schlage 3 ganze Eyer darein; salze es ein wenig; druck von einer Lemoni den Saft hinein und sprüdle …

Reis Meriden.

Siede ein halb Pfund Reis in einer Maß Obers recht weich, dann schlag ihn durch, treib ein Viertel Butter pflaumig ab, nach und nach den Reis darunter, und schlag 14 ganze Eyer auch 6 Dotter eins nach dem andern darein, und gut verrühren, zuckere ihn nach deinem Belieben, nach auch für ein 3 Xr. Vanille darunter, nachdem schmiere das Beck mit Butter, bestreue es mit Bröseln und leg mit Butter Teig aus, nachdem füll die Hälfte Reis hinein und fülle mit eingesottenen, gieb den andern Reis darauf, back ihn im Ofen, so ist er fertig.

Das Marzipan Koch.

Nim eine gute 3 Viertel Milch in ein Häferl, schlage 3 ganze Eyer darein, sprudle es ein wenig, reibe von einer Lemoni die Schale hinein und sprudle

8.) abnimmt gutes, dann gieb es in einen
Rein, gieb oben und unten gleichen
den Löffel daß es ein Boden wird,
dann thue ihn auch ein Dieb und laß
ihn erkalten, treib ein Viertung
Butter recht pflaumig ab, gieb
den Topfen hinein, verrühren
ihn gut, gieb auch 6 Loth fein gestossene Mandeln hinein und
verrühre gut, sodann gieb 6 Loth
feine gestossenen Zucker hinein, verrühren ihn auch gut, schlag
3 ganze Eyer und 4 Dotter hinein,
verrühre sie gut, gieb auch um
3 Xer geschälten Zitronat hinein,
desgleichen um 3 Xer geschälten
Pistazien, verrühren alles gut gieb
auch von einer Lemoni die Schäller
fein geschnitten hinein auch gut
verrührt, in allem muß es eine
Stunde gerührt werden, dann schmier
das Reindl mit Butter, bestreu es mit

… es recht gut ab; dann giebs in eine Rein; gieb oben und unten glühenden Aschen, daß es ein Topfen wird; dann thu ihn auf ein Sieb und laß ihn abseigen; treib ein Vierting Butter recht pflaumig ab, gieb den Topfen hinein, verrühre ihn gut, gieb auch 6 Loth feingestossene Mandeln hinein und verrührs gut; sodann gieb 6 Loth feingestossenen Zucker hinein, verrühre ihn auch gut, schlag 3 ganze Eyer und 4 Dötter hinein, verrühr sie gut; gieb auch um 3 Kreuzer gefüllten Zitronat hinein, desgleichen um 3 Kreuzer gefüllte Bistazen, verrühre alles gut, gieb auch von einer Lemoni die Schäller fein geschnitten hinein auch gut verrührt, in allen muß es eine Stunde gerührt werden, dann schmier das Beck mit Butter, besäe es mit …

… Bröseln, leg es mit Butter-Taig aus, fülle es ein und backe es schön; so ist es fertig.

Der Butter-Taig wird gemacht von 4 Loth Mehl und 4 Loth Butter, ein Dotter salzen und ein Eyer-Gucken Wasser, nach dem unter einander abröbeln und auswalchen.

Das Mark-Koch

Nimm ein halb Pfund feingestossene Mandeln, ein und ein halben Vierting feingestossenen Zucker in ein Weidling, schlag 6 ganze Eyer und 6 Dötter, eins nach dem andern, daran und gut verrührt; von einer Lemoni die Schalen, fein geschnitten, darunter gerührt; desgleichen um 3 Kreuzer gestiftelte Zitronat, auch um 3 Kreuzer gewürfeltes Mark darunter gerührt; nach dem schmier das Beck mit Butter, besäe es mit Bröseln, legs mit Butter-Taig aus, fülle es ein und backs schön; so ist es fertig.

bröseln, leg es mit Butterteig aus, füll es hinein und back es schön, so ist es fertig.

Der Butterteig wird gemacht von 4 Loth Mehl und 4 Loth Butter, ein Dotter, salzen und eine Eyer Schalen Wasser, macht man untereinander abtröbeln, und auswalchen.

Das Mark Koch

Nim ein halb Pfund klein gestossene Mandeln, ein und ein halben Vierting klein gestossenen Zucker in ein Weidling, schlag 6 ganze Eyer und 6 Dotter eins nach dem andern daran und gut verrührt, von einem Lemoni die Schalen klein geschnitten darunter gerührt, desgleichen um 3 xr. geschnittene Zitronat, auch um 3 xr. gewürfeltes Mark darunter gerührt, nachdem schmier das Beck mit Butter, bestreu es mit Bröseln, leg es mit Butterteig aus, füll es hinein und back es schön, so ist es fertig.

Ein Bröselkoch.

Nim einen halben Vierd, gerührte 6 ganze Eyer hinein, auch von 2 xr die weißen Brösel reiben und hinein gerü-
hret, Zucker nach Belieben, nachdem
schmiere das Reindl mit Butter,
schütts hinein, gieb unten und oben
Gluth, lass es langsam ausbacken so ist
es fertig.

Ein gestandenes Koch.

Nim 6 Loth Imberzelten, treibs mit
6 Loth klein gestossenen Zucker ab,
nim von 6 Eyern die Klar auch
nur die Hälfte und schlag einen schönen Schnee, rühr ihn darunter so
lang bis er recht dick ist, nachdem
nim ein Blechreindl, überlege
mit Oblat und gieb es Löffelweis
hinein, dass es einen Berg gleich
sieht und backe es, gieb aber acht
dass es nicht brennen wird, so ist es
fertig.

Das Brösel-Koch

Nimm eine halbe Obers, sprüdle 6 ganze Eyer hinein, auch von 2 Kreuzer die weisen Brösel reiben und hinein sprüdeln, zuckern nach Belieben; nach dem schmier das Reindel mit Butter, fülls hinein, gieb unten und oben Glut, laß es langsam ausbacken; so ist es fertig.

Das gefäumte Koch

Nimm 6 Loth Jmbersalzen, treibs mit 6 Loth fein gestoßenen Zukker ab; nimm von 6 Eyern die Klar auf ein Zinteller und schlag einen schönen Schnee, rühr ihn darunter solang, bis er recht dick ist; nach dem nimm ein Blatel allein, überlegs mit Oblat und gieb es löfelweiß hinauf, daß es einen Berg gleich sieht, und back es; gieb aber acht, daß es nicht braun wird; so ist es fertig.

Das aufgeloffene Kindskoch

Nimm eine halbe Obers und mach ein Koch, welches ganz dick wird; laß es auskühlen; hernach treib ein Vierting Butter pflaumig ab, rühre das Koch darunter, schlag 6 ganze Eyer und 6 Dötter daran, verrühre eines nach dem andern gut, rühr auch dazu ein wenig fein geschnittene Lemonischäller, zuckre es nach Belieben; schmier das Reindel mit Butter, füll es ein, gieb unt und oben Glut, backe es schön langsam aus, so ist es fertig.

Das aufgeloffene Reiskoch

Nimm ein halb Pfund Reis, sied ihn in der Milch, daß er schön weiß und weich wird und laß ihn auskühlen; nach dem treib 8 Loth Butter pflaumig ab, rühr den Reis darunter, schlag 8 ganze Eyer und 8 Dötter, eins nach dem andern, daran und gut verrühren, zuckre es nach Belieben, rühr auch ein wenig ...

Aufgeloffenes Breinkoch.

Nimm einen halben Brein und mach ein Koch welches ganz dick wird, lasse es auskühlen, hernach treib ein Vierting Butter pflaumig ab, rühre das Koch darunter, schlag 6 ganze Eyer und 6 Dötter daran, verrühre es auch dann recht gut, rühre auch dazu ein wenig klein geschnittene Lemonischäller, zuckere es nach Belieben, schmiere das Model mit Butter, fülle es ein, gieb unt und oben Gluth, backe es schön langsam aus, so ist es fertig.

Aufgeloffenes Reiskoch.

Nimm ein halb Pfund Reis, siede ihn in der Milch dick, aber schön weiß und weich wird und lasse ihn auskühlen, nachdem treib 8 Loth Butter pflaumig ab, rühre den Reis darunter, schlag 8 ganze Eyer und 8 Dötter nach und nach daran und gut hinrühren, zucker es nach Belieben, rühre auch ein wenig

12. Zimet darunter, schmiere die Rain mit
Butter, fülle es hinein, gieb oben und unten Glut, bach es langsam, so ist es fertig.

Das Brein Koch.

Nim von 2 Kr. die Semmelbröseln, röste sie
in ein Viertel Schmalz gelblat, daß sie
nicht fett werden, nachdeme schmiere einen Rain mit Butter und Semmelbröseln, rühre unter die Bröseln langsam
dick es nicht zu dünn wird, nachdem laß
es aufsieden und wann du es brauchst
so rühre ein paar Eyerdottern darunter
und laß es aufsieden, so ist es fertig.

Das Semmel Koch.

Nim 6 Kreuzer Semmeln, reibe sie ab,
schneide sie schön kleine Schnittel und
schütte einen halben Seitel süßen Obers
darauf, rühre gut ab, geschält oder
so treibs durch ein Sieb, nachdeme
treibe 6 Loth Butter pflaumig ab,
rühre ihn darunter, wie auch 6 Loth
klein geschnittene Mandeln, schlag 6
ganze Eyer daran, die Klar aber schlag

... Zimet darunter, schmier die Rein mit Butter, fülle ihn ein, gieb oben und unten Glut, back es langsam, so ist es fertig.

Das Weinkoch

Nimm von 2 Kreuzer die Semelbrösel, röste sie in ein Bröckel Schmalz gelblet, daß sie nicht fett werden; unterdessen sied einen Wein mit Zucker und Lemonischälerl, rührs unter die Bröseln langsam, das es nicht zu dünn wird; nach dem laß es aufsieden, und, wenn du es brauchst, so rühre ein paar Eyerdötter darunter und laß es aufsieden; so ist es fertig.

Das Semel-Koch

Nimm 6 Zweyer-Semerln, reibe sie ab, schneide schön feine Schnittel und schütte eine halbe siedendes Obers darauf; rühr es gut ab, gefällt es dir, so treibs durch ein Sieb; nach diesen treibe 6 Loth Butter pflaumig ab, rühre ihn darunter wie auch 6 Loth fein gestossene Mandeln; schlag 6 ganze Eyer daran; die Klar aber schlag ...

… zu einen Schnee und eins nach dem andern gut verrührt; zuckre es nach deinen Belieben, rühre auch fein geschnittene Lemoni-Schälerl darunter und ein wenig Fanille, schmier das Reindl mit Butter, fülls ein, gieb unten Glut und back es langsam aus.

Das Bisgotten-Koch

Nimm ein halb Pfund gefähten Zucker in ein Häferl, schlage 8 Eyer daran, die Klar davon zum Schnee; rühre es eine ganze Stunde lang, schneide von einer Lemoni die Schälerl klein, rühr solche auch darunter; wann er fast genug gerührt ist, so nimm anderthalb Vierting feines Mehl, misch es darunter; ist es wieder genug gerührt, so schmiere das Blatt mit Butter und schütte es darein; back es schön langsam, so ist es fertig.

Man kann auch Gewürz darunter rühren.

zu einem Schaum und eins nach dem
andern gut zusammen gerührt, zuckere es nach
deinem Belieben, rühre auch klein geschnittenen Lemoni Schäller darunter
und ein wenig Canella, schmiere das
Reindl mit Butter, fülle es ein, gieb
unten Glut und backe es langsam aus.

Das Biscotten Koch.

Nimm ein halb Pfund geschälten Zucker
in ein Häfendl, schlage 8 Eyerdotter
die Klar davon zum Schaum, rühre es
eine ganze Stunde lang, schneide von
einer Lemoni die Schäller klein, rühre
solche auch darunter, wenn es stark
genug gerührt ist, so nimm ein halb
Vierting schönes Mehl, rühre es darunter, ist es wieder genug gerührt,
so schmiere das Blatt mit Butter
und schütte es darein, backe es schön
langsam so ist es fertig.
Man kann auch Zwieback darunter
rühren.

14)

Die geschwungene Brod Torte

Nimm ein halb Pfund weißen Zucker
geschütten ein halb Seitel frisches Wasser
daran, laß es sieden bis er sich spint,
nachdem nimm ein halb Pfund klein
gestossene Mandeln, laß es ein wenig
auf der Glut trücknen, dann richte
es in einen Weidling und rühre es
eine gute Weile, schlag 6 ganze
Eyer und 16 Dotter darein, einen
nach dem andern gut verrühret,
sodann rühre es wohl bis es schön dick
wird und weiß ist, hernach nimm
ein Vierting geriebenes Schwarzbrod
und feuchte von Pomeranzen den
Saft damit an und rühre darunter.
rühren auch einen geriebenen Muscatnuß darunter, wie auch ein und ein
halb Loth gestoßenen Zimmet darunter, auch von einer Limoni die
Schälerl klein geschnitten darunter,
brühre auch ein Vierting gestiftelten
Zitronat darunter, schmiere ein Torten
blatel mit Butter, fülle es ein,
bach es langsam, es hat 2 Stund zu backen,
zieren kanst es was du willst und gib es auf
die Tafel.

Das schwarze Brod-Koch

Nimm ein halb Pfund weißen Zucker, schütte ein halb Seitel frisches Wasser daran; laß es sieden, bis er sich spint; nach dem nimm ein halb Pfund fein gestossene Mandel, laß es ein wenig auf der Glut trücknen, dann nimm es in einen Weidling und rühre es ein gute Weile; schlag 6 ganze Eyer und 16 Dötter darein, eines nach dem andern gut verrührt; sodann rühre es wohl, bis es schön dick wird und weiß ist; hernach nimm ein Vierting geriebenes Hausbrod und feucht von Pomeranzen den Saft damit an und rührs darunter; rühre auch eine geriebene Musgatnuß darunter, wie auch ein und ein halb Loth gestoßenen Zimmet darunter, auch von einer Lemoni die Schälerl, fein geschnitten, darunter; rühre auch ein Vierting gestiftleten Zitronat darunter, schmier ein Torten-Blatel mit Butter, fülle es ein, back es langsam, es hat zwei Stund zu backen; ziere es, mit was du willst, und giebs auf die Tafel.

Die Weichsel-Knötel

Reibe die Rinden von 6 kleinen Semmeln sauber ab; schneide die Schmollen gewürflet zusammen, weiche sie in einen Weidling mit einen Seitel Ofner Wein gut ein; treibe einen Vierting Butter recht pflaumig ab; schneide mit dem Schneideisen einen Vierting eingesottne Weichseln klein zusammen, treibe sie unter den Butter; wie auch einen Vierting Jmbersalzen dazu getrieben; schlage 6 ganze Eyer, eines nach dem andern, daran, jedes gut verrührt; gieb die geweichten Semmeln darunter wie auch 4 Loth gestossenen Zucker und von einen halben Kreuzer die weißen Bröseln, mische alles gut untereinander, mach mittere Knötel, schmiere ein Eyer und Schmalz Reindel mit Butter, lege die Knöteln darauf, aber so, daß sie nicht zusammen stossen; laß sie im Ofen schön backen, glasire sie mit Zucker und einer glühenden Schaufel; laß in ein Reindel ein Seitel Ofner Wein …

Die Weichsel Knödel.

Reibe die Rinden von 6 kleinen Semmeln sauber ab, schneide die Schmollen
gewürfelt zusammen, weiche sie in einem Weidling mit einem Viertel Schöner Wein gut ein, treibe einen
Vierting Butter recht pflaumig ab,
schneide mit dem Schneidlöffel
einen Vierting eingesottenen
Weichseln klein zusammen, treibe sie
unter den Butter, wie auch einen
Vierting Imberlebzelten dazu gerieben, schlage 6 ganze Eyer eines nach
dem andern daran, jedes gut verrührt
gieb die geweichten Semmeln darunter
wie auch 4 Loth gestossenen Zucker
und von einem halben Limonien die
weissen Bröseln, mische alles gut untereinander, mache mittlere Knödel,
schmiere ein Reyn und Schmalzkain-
del mit Butter, lege die Knödeln
darauf, aber so, daß sie nicht zusammen stossen, laß sie im Rohr schö-
backen, glasire sie mit Zucker und
einer glühenden Schaufel, lasse in
ein Reindl ein Viertel Schöner Wein

16.) sieden werden, gieb 4 Loth Zucker,
4 Loth Weinbeerl, 6 Loth Zibeben(?) darein, gieb die gleichen Tüdel auf
einen Schüssel, giess den siedenden
Wein darüber, so sind sie fertig.

Gebrennte Mandel Torten:

Nim ein Vierting fein gestossene Mandeln und einen Vierting fein gestossenen Zucker in einen Weidling,
rühre es mit 2 ganzen Eyern ab,
dann nim einen Vierting Butter,
treib ihn mit 2 Löffel ein, gieb ihn
in einen messinge Pfannen und lass
zergehen, gieb auch ein Vierting fein
gestossene Mandeln hinein und
lass es ein wenig rösten, dann
rühre gut untereinander, schlag
darein 4 ganze Eyer und 6 Dötter
nimm auch [illegible] gut verrührt, rühre auch von einer Lemoni die Schallen fein geschnitten darein,
ten, dann rühre noch um 3 Xr gestif-
ten Zitronat darunter, desgleichen
um 3 Xr gestiftelten Pistazen, wie

… siedend werden, gieb 4 Loth Zucker, 4 Loth Weichsel, 6 Loth Jmbersalz daran; gieb die glasierten Knödel auf eine Schüssel, gieß den siedenden Wein darüber, so sind sie fertig.

Gesponnene Mandel-Torten

Nimm ein Vierting fein gestossene Mandeln und ein Vierting fein gestossenen Zucker in einen Weidling, rühre es mit 2 ganzen Eyern ab; dann nimm einen Vierting Zucker, tunk ihn ins Wasser ein, gieb ihn in eine messinge Pfanne und laß spinnen; gieb auch ein Vierting fein gestossene Mandeln hinein und laß es ein wenig rösten; dann rühr es gut untereinander, schlag daran 4 ganze Eyer und 6 Dötter, eines nach dem andern, gut verrührt; rühre auch von einer Lemoni die Schalen, fein geschnitten, darunter; dann rühre auch um 3 Kreuzer gestifleten Zitronat darunter, deßgleichen um 3 Kreuzer gestiflete Pistazen, wie …

… auch eine halbgeriebene Muscatnuß dazu; dieß alles muß eine Stund gerührt werden; schmiere ein Blatel ein wenig mit Butter, füll es ein und back es eine Stund; dann rühr ein Eis und mach Tupfen darauf.

Die schwarze Brod-Torten

Nimm ein Vierting fein gestossene Mandeln und ein Vierting fein gestossenen Zucker in ein Weidling und rührs mit 2 ganzen Eyern ab; dann nimm ein Vierting Zucker, tunke ihn ins Wasser ein und laß ihn in einer messingen Pfanne spinnen; nach dem gieb ein Vierting ungeschwollene fein gestossene Mandeln hinein und laß rösten, daß sie einen Geruch bekommen; dann rühr es schön langsam unter die andern, schlag 4 ganze Eyer und 7 Dötter daran, eines nach dem andern, gut verrührt; rühre von einer Lemoni die Schalen fein geschnitten darunter, wie auch um 3 Kreuzer gestifleten Zitronat und um 3 Kreuzer gestiflete Pistazen, rühre auch um 1 Kreuzer gestossenen Zimmet …

auch einen selbgeriebenen Muscatnuß
dazu, dieß alles muß eine Stund gerührt
werden, schmiere ein Blatel ein wenig
mit Butter, schütt es ein und back
es eine Stund, dann rühr ein Eis
und mach Tüpfeln darauf.

Die schwarze Brod Torten:

Nim ein Viertung klein gestossene Mandeln
und ein Viertung klein gestossenen Zucker,
in ein Schüssel und rühre mit 2 ganzen Eyern ab, dann nim ein Viertung
Zucker, treibe ihn und lasse ihn ein
und laß ihn bei einem mäßigen Feuer
verschäumen, nachdem gieb ein Viertung
eingeschwollenes klein gestossenes Mehl,
rühre hinein und laß rösten, daß sie
einen Geruch bekommen, dann rühre
schön langsam unter die andern,
schlag 4 ganze Eyer und 7 Dottern
darein, itzund auch diesen wieder gut
verrührt, mische von einer Limoni
die Schalen klein geschnitten darunter,
wie auch um 3 Xr gestiftelten Citronat
und um 3 Xr gestiftelte Pistazen
mische auch um 1 Xr gestossenen Zimmet

und um 1 Xr gestossene Nägerln darunter, wie auch einen halb geriebenen Muskatnuß dazu, ein wenig fein geschnittene
Pomeranzen Schälen darunter, nach diesem
den einen 3 Loth brodbröseln, druck
von einer mittern Pomeranzen den
Saft in die Brodbröseln, rühre darunter, wie auch ein ganz geriebenes Zeltel
Schokolade darunter, es muß in allem
eine Stund gerührt werden, fülle
gleich in Blatel, backe über eine
Stund, putze sie auf, so ist sie fertig.

Die Bisgotten torten.

Nimm 12 Loth fein gestossenen Zucker,
in eine schöne Schüssel, dann schlag von
6 frischen Eyern die Klar zu einen festen
Schaum und rühre unter den Zucker
dick, sodann rühre die 6 Dotter auch
schön dick darunter, wie auch von einer
Lemoni die Schälen fein geschnittene
dazu, gieb auch um 3 Xr gestossene
Vanille darunter, aber es muß eine
Stund gerührt werden, auf die letzt
aber gieb 8 Loth gut gewogenes schönes Mundmehl dazu, mische es darunter, schmiere ein Blatel mit Butter,

… und um 1 Kreuzer gestossene Nägerln darunter, wie auch eine halb geriebene Muskatnuß dazu, ein wenig fein geschnittene Pomeranzen-Schäler darunter rühren; dann nimm 3 Loth Brod-Bröseln, drück von einer mittern Pomeranzen den Saft in die Brod-Bröseln, rührs darunter, mische ein ganz geriebenes Zeltel Schokolade darunter; es muß in allen eine Stund gerührt werden; fülls gleich ins Blatel, backs über eine Stund, puze sie auf, sie ist fertig.

Die Bisgotten-Torten

Nimm 12 Loth fein gestossenen Zucker in ein schönes Häferl, dann schlag von 6 frischen Eyern die Klar zum festen Schnee und rührs unter den Zucker dick; sodann rühre die 6 Dötter auch schön dick darunter, wie auch von einer Lemoni die Schäler, fein geschnitten, dazu; gieb auch um 3 Kreuzer gestossene Fanille darunter, aber es muß eine Stund gerührt werden; auf die lezt aber gib 8 Loth gut gewogenes feines Mundmehl dazu, mische es darunter, schmier ein Blatel mit Butter, …

… besäe es mit feinen Bröseln, fülls gleich ein und back es eine gute Stunde schön langsam, der Ofen muß aber sehr gut abgelegen seyn; so ist sie fertig.

Die abgetriebene Linzer Torten

Nimm 3 Vierting Butter, treib ihn pflaumig ab, dann ein halb Pfund gestossene Mandeln, rührs gut; nimm auch ein halb Pfund Zucker dazu, verrühre ihn gut; wie auch von einer Lemoni die Schalen, fein geschnitten und darunter gerührt; sodann gieb 3 Vierting Mehl dazu, rührs auch darunter; hernach schmier das Blatel mit Butter, gieb die Hälfte Taig hinein, gieb ein Eingesottenes darauf und leg den übergebliebenen Taig darauf, back ihn nach diesen; wenn er gebacken ist, so garniere sie mit Eis; so ist sie fertig.

Die Weichsel-Torten

Nimm ein halb Pfund Butter, treib ihn pflaumig ab; nach dem gieb ein halb Pfund gestossene Mandeln, verrührs recht gut; gieb ein halb Pfund Zucker auch dazu, gut verrühren, wie auch 10 ganze Eyer, eines nach dem andern gut …

bestreue es mit feinen Bröseln, fülle
gleich ein und back es eine gute Stunde
schön langsam, der Ofen muß aber sehr
gut abgeschlagen seyn, so ist sie fertig.

Die abgetriebene Linzer Torten.

Nimm 3 Vierting Butter, treib sie pflaumig
ab, dann ein halb Pfund gestossenen
Mandeln, rühre es gut, nimm auch ein
halb Pfund Zucker dazu, verrühre es
gut, wie auch von einer Limoni die
Schalen fein geschnitten und darunter
gerührt, sodann gib 3 Vierting Mehl
dazu, rühre auch darunter, schmiere
die Blechel mit Butter, gib die
Hälfte Taig hinein, gib ein eingesottenes [illegible] und leg den übri-
geblibenen Taig darauf, back sie nach
Wissen, wenn es gebacken ist so garniere
sie mit Eis, so ist sie fertig.

Die [illegible] Torten.

Nimm eine halb Pfund Butter, treib sie
pflaumig ab, alsdann gib ein halb
Pfund gestossene Mandeln, verrühre
recht gut, gib eine halb Pfund Zucker
auch dazu, gut verrühren, wie auch 10
ganze Eyer, eines nach dem andern gut

 verrührt, von einer Lemoni die Schäler recht klein geschnitten und darunter gerührt, nach diesem nimm ein
halb Pfund Mehl, aber gar nicht mehr
viel gerührt, nur so, daß es unter einander kommt, nimm 1 Pfund frische
Weichsel darunter und fülle es in
das Blatel, gib eine Handvoll Weichsel oben darauf, schmiere es mit
Eyerklar, bestreue es mit Zucker und
bachs gleich in Ofen gestellt, sonst fallen die Weichsel zu Boden, bach sie
schön fertig.

Die Schmalztorten.

Treibe ein halb Pfund Schmalz pflaumig
ab, rühre 3 ganze Eyer und 4 Dötter
eins nach dem andern daran, gib
dazu ein Viertung Zucker, von einer
halben Lemoni die Schäler klein geschnitten, ein halb Pfund Mehl
aber gar nicht mehr viel gerührt,
nur so daß es unter einander kommt,
schmiere das Blatel mit Butter, fülle die Hälfte in das Blattel und
gib ein Eingesottenes darauf, decke
mit dem andern Teig zu, schmiere es mit

… verrührt, von einer Lemoni die Schäler recht klein geschnitten und darunter gerührt; nach diesen nimm ein halb Pfund Mehl; aber gar nicht mehr viel gerührt, nur so, daß es untereinander kommt; nimm 1 Pfund frische Weichsel darunter und fülls ein in das Blatel; gieb eine Handvoll Weichsel oben darauf, schmiere es mit Eyerklar; besäe es mit Zucker und alsogleich in Ofen gestellt, sonst fallen die Weichsel zu Boden; back sie; so ist sie fertig.

Die Schmalz-Torten

Treibe ein halb Pfund Schmalz pflaumig ab, rühre 3 ganze Eyer und 4 Dötter, eins nach den andern, daran; gieb dazu ein Vierting Zucker, von einer halben Lemoni die Schäler, klein geschnitten, ein halb Pfund Mehl; aber gar nicht mehr viel gerührt, nur so, daß es untereinander kommt; schmier das Blatel mit Butter, fülle die Hälfte in das Blattel und gieb ein Eingesottenes darauf, decks mit den andern Taig zu, schmiers mit …

… Eyerklar, besäe sie mit Zucker, back sie schön in Ofen heraus; so ist sie fertig.

Der grüne Melaun

Nimm ein halb Pfund fein gestossene Mandeln und anderthalb Vierting gestossenen Zucker, schlage 6 ganze Eyer und 6 Dötter, eines nach dem andern gut verrührt, daran; desgleichen auch von einer Lemoni die Schäler, klein geschnitten, darunter gerührt; wie auch um 3 Kreuzer gestiflete Pistazen und um 3 Kreuzer gestiflete Zitronat darunter; theile es in zwei Theile ab; einen Theil färbe mit Schokolade, siede 2 Zeltel Schokolade mit 2 Eyer-Gucken Wasser; nachdem rühre ihn darunter, schmiere 2 Beck mit Butter, füll ihn ein und back ihn schön; dann stürze ihn heraus, hölsche es oben aus, fülle es mit Ribiseln, mache ein Kranzel herum von Eis und giebs zusammen; bestreue es mit grünen Fanille-Eis, rühre dir ein schönes Eis von ein halb Vierting Zucker, nimm vom Ey die Klar, rührs schön dick, färbs mit Spinat-Topfen aus, gieb ein wenig Fanilli darunter und bestreich den Melaun damit; dann mach ein Stingel von Pistazen-Taig daran; so ist er fertig.

Zwerkler, bestreu sie mit Zucker, bach 21.
sie schön in Ofen heraus, so ist sie fertig.

Der grünen Melonen.

Nim ein halb Pfund klein gestossenen
Mandeln und anderthalb Vierting
gestossenen Zucker, schlage 6 ganze
Eyer und 6 Dotter drein und mach den
Taig den gut vermischt darein, ordentlichen auch von einer Lemonie die Schälen klein geschnitten darunter gemischt,
wie auch beim 3 Lth gestiftelte Pistazen
und beim 3 Lth gestiftelte Zitronat
darunter, theile es in 2 Theile ab, einen Theil färbe mit Schokolade, siede
ein Zeltel Schokolade mit 2 Eyer Zucker
Platten, mach dann reissen ihn darunter,
schmiere ein Dort model aus, füll ihn
ein und bach ihn schön, dann stürze
ihn heraus, höhle es oben aus,
fülle es mit Ribiselsulz, mache einen
Kranzel herum von Eis und gieb
zu spülen, bestreue es mit grünem
Vanille Eis, rühre dir ein schönes
Eis von einen halb Vierting Zucker
Weiss vom Ey die Klar, rühre schön dick
Schaum mit 1 Spinat topfen aus, gieb ein
wenig Vanille darunter und bestreich den
Melonen damit, dan mach ein Bünkel von
Pistazen Zweig daran, so ist er fertig.

Die Äpfel torten:

Nim ein halb pfund Mehl auf das Brett und anderthalb Vierting gut gewogenen Butter, arbeite ein wenig ab, dann streiche mit 3 Eyerdötter und Milchram den Teig, dann selze ihn, gut abarbeiten so lang bis er Blat-terln bekomt, dann walche es Messer-rücken dick aus, lege ihn auf ein Blatel, gib darauf geschelte Äpfeln daß es schön hoch wird, nachdem überdeck es mit dem übergebliebenen Teig, schmier es mit Eyerklar, bestreu es mit Zucker, back ihn im Ofen so ist sie fertig.

Die Äpfelspaltel zuckere nach deinem Belieben, gib etwas Limo-ni Schälerl klein geschnitten den Zucker und ein paar Handvoll Wein-beerl, fülle hernach in die Torten.

Linzertorten zu machen:

Nim auf das Brett ein pfund Mehl und 3 Vierting Butter, arbeite es ein wenig ab, nachdem gib ein Vierting gestossenen Mandeln, ein Vierting

Die Äpfel-Torten

Nimm ein halb Pfund Mehl auf das Bret und anderthalb Vierting gut gewogenen Butter, rebels ein wenig ab, dann streichs mit 3 Eyerdötter und Milchram, das netzt; dann salze ihn; gut abarbeiten solang, bis er Blätterln bekomt, dann walche messerrückendick aus, leg ihn aufs Blatel, gieb darauf gespaltete Aepfeln, daß es schön hoch wird; nachdem überdecks mit dem übergebliebenen Taig, schmiers mit Eyerklar, besäe es mit Zucker, backs in Ofen; so ist sie fertig.

Die Äpfel-Spaltel zuckre nach deinen Belieben; gieb etwas Lemoni-Schälerl, klein geschnitten, darunter und ein paar Handvoll Weinberl, fülls hernach in die Torten.

Linzer Torten zu machen

Nimm auf das Bret ein Pfund Mehl und 3 Vierting Butter, rebels ein wenig ab; nachdem gieb ein Vierting gestossene Mandeln, ein Vierting …

… gestossenen Zucker, von einer Lemoni die Schäler, klein geschnitten, und rebels alles zusamen ab; nach diesen mache den Taig zusammen, walche die Hälfte aus, gieb ihn aufs Blatel, fülls mit Eingesottenen; von den andern Taig mach Stangeln darauf, schmiers mit der Klar, besäe es mit Zucker, gieb ein Ranft herum und backs schön in Ofen; so ist sie fertig.

Die Garten-Torten

Nimm einen Vierting gestiftlete Mandeln, ein Vierting gestossenen Zucker, ein wenig geschnittene Lemoni-Schäler und von 4 Eyern die Klar, mische es unter die Mandeln, dann schmier das Blatel mit Wachs und streich ein vierecktigtes großes Blatt darauf; backs in Ofen schön gelblicht; von diesen Quantum müssen 2 Blätter werden; hernach mache 2 Blätter von Bisgotten-Taig, nimm ein Häferl, gieb ein Vierting fein gestossenen Zucker, nimm von 4 Eyern die Klar, hernach schlags zu einen Schnee und rührs schön dick darunter, …

gestossenen Zucker, von einer Lemoni
die Schälen klein geschnitten und arbeite
alles zusammen ab, nach diesen mache
den Taig zusammen, walche die Hälfte
aus, gebe solche auf ein Blatel, fülle es mit
eingesottenem, von dem andern Taig mach
Stangeln darauf, schmiere mit den
Klar, bestreue es mit Zucker, gieb ein
Kranzl herum und backe schön in Ofen
sieht sehr artig.

Die Garten Torten.

Nimm einen Vierting geschälte Mandeln, ein Vierting gestossenen Zucker,
ein wenig geschnittene Lemoni Schälen
und von 4 Eyern die Klar, mische es
unter die Mandeln, dann schmiere
das Blatel mit Wachs und streiche ein
Viereckigtes großes Blatt darauf,
backe in Ofen schön gelblicht, von
diesen Quantum müssen 2 Blätter
werden, hernach mache 2 Blätter von
Bisgotten Taig, nimm ein Häfenl
gieb ein Vierting klein gestossenen
Zucker, nimm von 4 Eyern die Klar
hernach geschlagen zu einem Schnee
und mische schön dick darunter,

nach diesen nehe die 4 Blätter darunter, auch von einer Lemoni die Schäler klein geschnitten dazu gemischt,
nachdem gieb ein wenig feine Vanill-
dazu, wenn alles schön dick gerührt
ist, so mische 6 Loth schöne Mand-
mehl darunter und giebe auf das
Bletel wie das andere und backe
es schön, dann mache 2 Blätter von
Linzer Teig, nimm anderthalb Vierting
Mehl auf das Brett und ebenfals
mit ein Vierting gut gewogenen
Butter ab, welche 6 Loth gestossenen Zucker, 6 Loth klein gestossenen Mandeln, um 1 xr gestossene Nägerl, um 1 xr gestossenen
Zimmet, ein halbes Zeltel geriebene Schokolade, ein weniges
von Schäler klein geschnitten dazu,
und um 3 xr geschnittenen Zitronat,
sodann mache ihn zusammen, welche
2 Viereckigte Blätter, lege auch
das Bletel und backe schön, hernach
überstreich ein jedes Blatt mit einem andern eingesottenen, lege
auf einander, nach diesem lege auf
die Höhe einen Garten an von allerhand kleinen Sachen welche du haben
willst.

… nach diesen rühr die 4 Dötter darunter, auch von einer Lemoni die Schäler, fein geschnitten, dazu gerührt; nach dem gieb ein wenig fein Fanille dazu; wenn alles schön dick gerührt ist, so mische 6 Loth feines Mundmehl darunter und giebs auf das Blatel wie das andere und backe es schön; dann mache 2 Blätter von Linzer Taig, nimm anderthalb Vierting Mehl auf das Bret und rebels mit ein Vierting gut gewogenen Butter ab, mische 6 Loth gestossenen Zucker, 6 Loth fein gestossene Mandeln, um 1 Kreuzer gestossene Nägerl, um 1 Kreuzer gestossenes Zimmet, ein halbes Zeltel geriebenen Schokolade, ein wenig Lemoni-Schäler, fein geschnitten, dazu, und um 3 Kreuzer gestiflete Zitronat, sodann mache ihn zusammen, walche 2 vierecktigte Blätter, legs auf das Blatel und backs schön; hernach überstreich ein jedes Blatt mit einen andern Eingesottenen, legs aufeinander; nach diesen lege auf der Höhe einen Garten an von allerhand feinen Sachen, welche du haben willst.

Die dreyfache Torte

Nimm in ein Weidling 3 Vierting feingestoßenen Zucker und ein Pfund fein gestoßene Mandeln, hernach rühr 12 ganze Eyer und 12 Dötter, eins nach dem andern gut verrührt, daran; von einer Lemoni die Schäler, fein geschnitten, darunter gerührt; nachdem um 6 Kreuzer gestiftlete Zitronat, um 6 Kreuzer gestiftlete Pistazen auch darunter gerührt, danach theils in 3 Weidling; der erste und der zweyte Theil müssen gleich seyn, und der dritte etwas wenig weniger; schmier das Blatel und die Raif mit Butter und pape die Raife dem gerührten Taig an; damit die Raife besser halten, so nimm 2 Loth Butter, 2 Loth Mehl und 1 Löffel voll Gerührtes darunter zum papen. Zum ersten fülle den gelben Theil ein, dann färbe den zweyten Theil mit einen geriebenen Zeltel Schokolade, gieb um 1 Kreuzer gestossene Nägerl, um 1 Kreuzer gestossnen Zimmet, ein wenig geriebene Muscatnuß darunter und fülls ein. Den dritten Theil mache grün von einen Kreuzer Spinat-Topfen, …

Die dreyfärbige Torte.

Nim in ein Schüssel 3 Vierting fein gestossenen Zucker und ein Pfund schön gestossene Mandeln hernach rühr 12 ganze Eyer und 12 Dötter ein nachdem es lange gut verrührt darauf von einer Lemoni die Schälen klein geschnitten darunter gerührt, nach dem einen 6 xr gestiftelte Zitronat um 6 xr gestiftelte Pistazen auch darunter gemischt, dann theil es in 3 Schüsseln, der erste und der zweyte Theil müssen gleich seyn, und der dritte etwas wenig weniger, schmier den Model und den Reif mit Butter und gebe den Reifen mit dem geriebenen Teig an damit der Reif besser halten könne 2 Loth Butter, 2 Loth Mehl und 1 Löffel voll geriebenes darunter genommen. Dann ersten füll den gelben Theil ein, dann färbe den zweyten Theil mit einer geriebenen Zeltel Schokolade, gieb um 1 xr gestossenen Nägerl, um 1 xr gestossenen Zimet, ein wenig geriebene Muscatnuß darunter und fülle ein. Den dritten Theil mache grün von einem Kreuzer Spinat topfen

gieb ein 3 xr. gestossnen Vanille darunter und schütte es an, backe 2 Rinden und gieb acht, damit sie sich schön
backt, dann putze nun jeden Theil
mit etwas anderem auch wie es
dir beliebt, so sind sie fertig.

Austern.

Nimm ein Vierting fein gestossnen
Mandeln, 6 Loth fein gestossnen
Zucker und ein ganz geriebenes
Zeltel Schokoladi, um 1 xr. gestossenen Nägerln, um 1 xr. gestossnen
Zimmet, von einer Lemoni die Schalen klein geschnitten und alles
auf der Gluth recht gut abtrocknen
lassen unter einander, nachdem
lass es auskühlen, nimm den Model
bestreue ihn mit gröstem Mehl
und zu den mittleren Pistazien, nach
von dem Taig einen Knöderl und
drück ihn auf den Model, hernach
stürze es auf kleine zusammenge-
legten Papierl heraus, nach diesem
rühre ein Eis von einem halben
Vierting feine gestossnen Zucker,
ein wenig Lemoni Saft und von einem Ey das Klar solang bis es recht

... gieb um 3 Kreuzer gestossene Fanille darunter und fülls ein, backs 2 Stunden und gieb acht, damit sie sich schön backt, dann puze einen jeden Theil mit etwas andern auf, wie es dir beliebt, so sind sie fertig.

Austern

Nimm ein Vierting fein gestossene Mandeln, 6 Loth fein gestossenen Zucker und ein ganz geriebenes Zeltel Schokolade, um 1 Kreuzer gestossene Nägerln, um 1 Kreuzer gestossenes Zimmet, von einer Lemoni die Schalen, klein geschnitten, und alles auf der Glut recht gut abtrocknen lassen untereinander; nach dem laß es auskühlen, nimm den Model, bestreue ihn mit gerösten Mehl und zerdruckten Pistazen, mach von dem Taig runde Fleckel und druck sie aus dem Model; hernach stürze es auf kleine zusamgelegte Papierl heraus; nach diesen rühre ein Eis von einen halben Vierting fein gestossenen Zucker, ein wenig Lemoni-Saft und von einen Ey die Klar solang, bis es recht ...

… dick wird, dann mach einwendig so weit weiß, das noch ein braunes Streifel in der Runde herum bleibt; laß trücknen, hernach lege die Austern hinein; nach dem mach die Sor von 2 Loth fein gestossenen Zucker und von ein halben Lemoni den Saft; mische es untereinander und laß solang stehen, bis es einen Oel gleichsieht, sodann beträufle ein jedes mit ein paar Tropfen, laß trücknen; so sind sie fertig.

Die Austern werden gemacht von 3 Loth fein gestoßenen Mandeln und 2 Loth gestossenen Zucker, auf der Glut in ein Reindel abgetrücknet und auskühlen lassen, alsdann formir die Austern und legs in die Schalen hinein.

Die Muskezana zu machen

Nimm in ein Weidling ein halb Pfund ungeschwollne fein gestossene Mandeln, ein Vierting gestossenen Zucker, um 1 Kreuzer gestossene Nagerl, 1 Kreuzer Zimmet, von einer Lemoni die Schale, klein geschnitten, und mit 2 ganzen Eyern zusammen gemischt; nach dem laß …

rich wird, dann mach einwendig so weit weiß, daß noch ein braunes Streifel in der Runde herum bleibt, laß trücknen, hernach lege die Austern hinein, nachdem mach die Soß von 2 Loth klein gestossenen Zucker und von ein halben Limoni den Saft, mische es unter einander und laß solang stehen bis es einem Oel gleich sieht, sodann betröpfle ein jede mit ein paar Tropfen, laß trücknen so sind sie fertig.

Die Austern werden gemacht von 3 Loth klein gestossenen Mandeln und 2 Loth gestossenen Zucker, auf der Glut in ein Reindel abgetrücknet und auskühlen lassen, alsdann formir die Austern und lege in die Schalen hinein.

Die Muschlen zu machen.

Nimm in einen Weidling ein halb Pfund ungeschwollen klein gestossene Mandeln, ein Vierting gestossenen Zucker, und 1 Qtl gestossenen Nagerl, 1 Qtl Zimmet, von einer Limoni die Schale klein geschnitten und mit 2 ganzen Eyern zusammen gemischt, nachdem laß

ein wenig übertreiben, dann noch
kleinen Stitzeln, biß der den Model mit
ein wenig Zucker und Mehl, und druck
heraus, schmiers mit Wasser das Eis darauf und back sie in Schnee schön braun.

Das Eis wird gemacht von ein paar
Tropfen Wasser und vermischt mit
gestossenem Zucker, gib überal ein
paar Tropfen darauf.

Vögel von Mandeln zu machen.

Nimm 10 Loth gestossene Mandeln,
6 Loth klein gestossenen Zucker, ein
1 Lt gestossene Nägerln, ein 1 Lt gestossenen Zimet, ein Schippel klein
geschnittene Pommeranzen Schalen,
ein Schippel klein geschnittenen Lemoni Schälerl und ein Zeltel geriebenen Schokolade und damit er
gegeben, gib es zusammen in ein
Reindel, treibe ihn dreitaig auf der
Glut recht gut ab, bestreue den Model mit gestossenem Zuckerkandel,
nachdem mann ein nimmt ein paar
wie ein Kindel, lege ihn auf den
Model, druck ihn mit dem andern Model

… ein wenig übertrücknen, dann mach kleine Stritzeln; besäe den Model mit ein wenig Zucker und Mehl und druck sie aus; hernach ein Wasser-Eis darauf und back sie in Ofen schön braun.

Das Eis wird gemacht von ein paar Tropfen Wasser und vermischt mit gestossenen Zucker; gieb überal ein paar Tropfen darauf.

Vögel, von Mandeln zu machen

Nimm 10 Loth gestossene Mandeln, 6 Loth fein gestossenen Zukker, um 1 Kreuzer gestossene Nagerln, um 1 Kreuzer gestossenen Zimmet, ein Schippel klein geschnittene Pomeranzen-Schalen, ein Schippel klein geschnittene Lemoni-Schälerl und ein Zeltel geriebenen Schokolade und darunter gegeben; gieb es zusamen in ein Reindel, trückne den Taig auf der Glut recht gut ab, bestreue den Model mit gestossenen Zuckerkandel; nach dem nimm einen Taig, mach ihn wie ein Nudel, lege ihn auf den Model, druck ihn mit den andern Model …

... schön aus, röste gestossene Mandeln und gestossenen Zucker schön braun, beschmier die Vögel mit Eyerklar und bestreue sie; lege sie auf die Schüssel; so sind sie fertig.

Das Butterbrod zu machen

Nimm 12 Loth Mehl, 10 Loth Butter, rebels ein wenig ab; nach dem nimm dazu 6 Loth Zucker, ein Vierting Mandeln, ein Zeltel Schokoladi, um 1 Kreuzer gestossene Nägerl, 1 Kreuzer gestossenen Zimmet und von einer Lemoni die Schalen, klein geschnitten und mit ein Eyerdotter zusamen gemacht; hernach schneide Stückeln, walche die Stückeln aus wie Zungen, schneide sie in der Mitte voneinander, leg sie auf das Blatel und back sie schön gelblicht heraus; und wenn sie riechen, so sind sie ausgebacken; in der Höh überstreich sie mit Eis, gibs noch ein wenig in Ofen, damit das Eis trocken wird; so ist es fertig.

Das Eis wird gemacht von 6 Loth fein gestossenen Zucker, von ein Ey die Klar und recht dick gerührt.

schön aus, wärfe gestossnen Mandeln
und gestossnen Zucker schön braun,
bestreue die Vögl mit Zimmet und
bestreue sie, lege sie auf die Schüssel
so sind sie fertig.

13 Das Butterbrod zu machen: X

Nim 12 Loth Mehl, 10 Loth Butter, arbeit
ein wenig ab, nachdem nim dazu 6 Loth
Zucker, ein Vierting Mandeln, ein
Zeltel Schokolade, um 1 Xr gestossnen
Negerl, 1 Xr gestossnen Zimmet und
von einer Limonie die Schalen klein
geschnitten und mit ein Eyrdottern
zusammen gemacht, herauß schneide
Stückerl, welche die Stückerl aus wie
Zungen, schneide sie in der Mitte von
einander, leg sie auf das Blatel und
bach sie schön gelblicht heraus und
wenn sie sich sehen, so sind sie ausgebacken
in der Hitz aber bestreich sie mit Eis, gibs
noch ein wenig in Ofen damit das
Eis trocken wird, so ist es fertig.

6 Das Eis wird gemacht von 6 Loth
fein gestossnen Zucker, von ein Ey
die Klar und recht dick gerührt.

30)
13 X Die gestiftelten Mandelbögen.

Nimm ein Vierting feine gestossenen Zucker und ein Vierting feine ge„stiftelte Mandeln, von 4 Eyern die Klar und von einer Lemoni die Schalen geschnitten, mische alles untereinander, schmiere das Blatl mit Wachs, mach rundt Häufeln dar„auf und backs im Ofen recht schön, mach dan eine den Abstauben, lege ein Tuch darauf und bieg die Blatl darüber, so sind sie fertig.

X X Die gerösten Törberln zu machen.

Nimm einen halben Vierting fein gestossenen Zucker, einen halben Vierting fein gestossener Mandeln und röste sie mit Nuss grossen Schmalz, dann gieb in die Zwerchstarln über„all etwas hinein und treib es aus, hernach füll die Törberl mit Weichsel, Ribisel und Erdbeer, zu der Glasur nimm 4 Loth fein gestossenen Zucker und etliche Tropfen Eyer„Klar, ein wenig gestossenen Vanille, dass es so dick bleibt wie ein Strudelteig,

Die gestiftelten Mandelbögen

Nimm ein Vierting fein gestossenen Zucker und ein Vierting fein gestiftelte Mandeln, von 4 Eyern die Klar und von einen Lemoni die Schale geschnitten, mische es alles untereinander; schmiere das Blatel mit Wachs, mach runde Fleckeln darauf und backs in Ofen recht schön; nach dem nimm den Abstauber, lege ein Tuch darauf und bieg die Fleckel darüber; so sind sie fertig.

Die gerösten Körberln zu machen

Nimm einen halben Vierting fein gestossenen Zucker, einen halben Vierting fein gestossene Mandeln und röste sie mit nußgroßen Schmalz, dann gieb in die Gewichterln überall etwas hinein und trucks aus; hernach zier die Körberl mit Mieß-Kruserl und Erdbeer; zu die Kruserl nimm 4 Loth fein gestossenen Zucker und etliche Tropfen Eyerklar, ein wenig gestossenen Fanille, daß er so fest bleibt wie ein Strudeltaig, …

… hernach mach kleine Kügerln daraus; schmier das Blatel mit Wachs, legs darauf und laß in Ofen trocknen, doch daß sie keine Farb bekommen; mach einen Ranft auf die Körberl mit etwas Eis, daß sie nicht herunter fallen. Zu den Mies nimm 2 Händvoll Spinat, stoß ihn zusammen; hernach seige ihn durch ein Tuch und laß ihn zusam gehn in ein Reindel; gieb ihn auf das Sieb, schütt ein frisches Wasser daran und laß ihn abseigen; nach dem nimm 2 Loth gestossene Mandeln, 2 Loth gestossenen Zucker, trückne es in einen Reindl auf der Glut ab, gieb den Spinat-Topfen darunter und drucks durch einen Schaumlöffel durch; zu den Erdbeeren nim einen halben Vierting fein gestossene Mandeln und einen halben Vierting gestossenen Zucker, hernach giebs in ein Reindl und trückne es auf der Glut ab; dann formire Erdbeere daraus und stecks auf Hölzeln, dunks in Weinschatln ein, laß trücknen, dann dunks …

hernach einen kleinen Bögerl daraus
schneide das Blatel mit Wachs, lege
darauf und laß in Ofen trocknen,
doch daß sie keine Farb bekommen, mach
einen Rauscht auf die Böberl mit
etwas Eis, daß sie nicht herunter fallen
Zu dem Mürb einen Handvoll Zimet, stoß ihn zusammen, hernach seige
ihn durch ein Tuch und laß ihn ge-
stehen gehe in ein Reindel, gieb ihn
auf das Feuer, schütt ein frischen Wasser daran und laß ihn absiegen, nachdem einen Loth gestossene Mandeln,
2 Loth gestossenen Zucker, treiben es
in einem Reindl auf der Glut ab,
gieb den Zimet Topfen darunter und
druckt durch einen Schmalz Nudel dich
zu den Erdbeeren Nimm einen halben
Vierting schön gestossene Mandeln
und einen halben Vierting gestossenen Zucker, hernach gieb es in ein Reindl
und treiben es auf der Glut ab, den
formier Erdbeer daraus und streich
auf Zölgeln, druck die Erdbeerstiele
ein, laß trücknen, dann dunks in den
Eis und bestreu es mit gestossenem
Zuckerkandl, laß trücknen und dunks

wird er ein, nachdem macht man einen Zin=
gel darin von geschnittenen Pistazien
und legt sie in die Dörbelie und Stein=
schetel zum färben macht man
nichts anderes, als man brockt es von
den Zweig herab, stoßt sie in einem
Mörser fein zusammen und druckt
sie durch ein Tuch durch und dunkt
die Erdbeer ein.

X 3 Die Mandel Maultaschen.

Nimm ein halb Pfund Mehl auf das
Brett, von dem Mehl nimm die Hälfte,
mach einen Nudelteig mit 4
Eyerdotter, ein wenig Wasser, salzen
und arbeite ihn recht gut ab, nach
diesem nimm ein halb Pfund Butter
und schlag ihn in das andere Mehl
gut hinein, dann walche den Teig aus,
wickle den Butter hinein und schlag
ihn mit dem Nudelwalcher so lang
bis man kein Butter mehr sieht,
walch ihn fein aus, nach 4 mahligten
Blatt und gibs ein Löffel voll Man=
deln darauf, schlags zusammen, schmiers
mit Eyerklar und bestreu es mit Zucker
legt auf's Blatt und back in Ofen ...

… wieder ein und besäe es mit gestossenen Zuckerkandel, laß trücknen und dunks wieder ein, nachdem mach einen Stingel daran von gestiftelten Pistazen und leg sie in die Körbeln; die Weinschatel zum färben macht man nicht anders, als man brockt es von die Zweig herab, stoßt sie in einen Mörser fein zusammen und druckt sie durch ein Tuch durch und dunkt die Erdbeer ein.

Die Mandel-Maultaschen

Nimm ein halb Pfund Mehl auf das Bret; von dem Mehl nim die Hälfte; mache einen Strudeltaig mit 4 Eyerdötter, ein wenig Wasser, salzen, und arbeite ihn recht gut ab; nach diesen nimm ein halb Pfund Butter und schlag ihn in das andre Mehl gut hinein; dann walche den Taig aus, wickle den Butter hinein und schlag ihn mit dem Nudelwalcher solang, bis man keine Butter mehr sieht; walch ihn fein aus, radle 4 eckigte Fleckl und gieb ein Löffel voll Mandeln darauf, schlags zusammen, schmiers mit Eyerklar und besäe es mit Zucker, legs aufs Blatel und backs in Ofen; so …

… sind sie fertig.

Zu der Füll nimm anderthalb Vierting fein gestossene Mandeln in ein Häferl, ein Vierting Zucker, 3 Dötter, 2 ganze Eyer, rührs recht dick und fülls ein.

Die Stern-Krapfeln

Nimm 12 Loth Butter, 12 Loth Mehl, rebels ein wenig ab; dann gieb ein Vierting gestossene Mandeln, ein Vierting gestossenen Zucker, von einer Lemoni die Schäler, fein geschnitten; machs zusammen mit 2 Eyerdötter, walch es messerruckdick aus; dann stich Sterne aus einen kleinen und einen größern, schmier den größern mit Eyerklar, leg den kleinern darauf, schmiere ihn auch, fähe es mit Zucker, legs aufs Blatel, backs schön, dann gieb ein Eingesottenes in die Mitte des Grübels; so sind sie fertig.

Die Mandel-Kranzeln

Nim in ein Weidling ein Vierting fein gestossenen Mandeln, 6 Loth Zucker, von einer Lemoni den Saft, 2 Eyerdötter, mische es untereinander, …

sind sie fertig.

Zu der Füll nim anderthalb Vierting klein gestossnen Mandeln in ein Häferl, ein Vierting Zucker, 3 Dötter, 2 ganze Eyer, rühre es recht dick und füll ein.

13 Die Brand Krapfeln. X

Nim 12 Loth Butter, 12 Loth Mehl, arbeite es ein wenig ab, dann gieb ein Vierting gestossene Mandeln, ein Vierting gestossenen Zucker, von einer Limoni die Schälen klein geschnitten, mach zusammen mit 12 Eyerdöttern, welches [illegible] dick sein, dann stich Krapfen aus einem kleinen und einem größern Eisen, schmiere den größern mit Eyerklar, leg den kleinern darauf, schmiere ihn auch, streue es mit Zucker, leg es auf ein Blatel, backe es schön, dann gieb ein eingesottenes in die Mitte des Kräpfels, es sind sie fertig.

Die Mandel Kranzeln. 5 X

Nim in eine Schüssel ein Vierting klein gestossenen Mandeln, 6 Loth Zucker, von einer Limoni den Saft, 2 Eyerdötter, mische es untereinander,

herausnehmen auf Oblatblätter drucken
und backs schön gelblicht, dan bricht
von einander und drehe rund sie,
in das Zuckerl gieb etwas eingesottenes, so sind sie fertig.

B **Anis Brätzeln zu machen:**

Nimm anderthalb Vierting Mehl und
ein Vierting Butter, arbeits ein wenig ab, mit schwachem Vierting gestossenen Zucker darunter, etwas
Lemoni, etwas Anis, mach sie zusammen, schneid Nudeln und mach
Brätzeln daraus, legs auf das Blatel, bestreiche es mit Eyerklar,
bestreu sie mit Zucker und backs in
Ofen schön, so sind sie fertig.

B **Die Zitronat Krapfeln.**

Nimm ein Pfund Mehl auf das Brett
und ein Pfund Butter, arbeits ein
wenig ab, gieb von einer Lemoni
die Schalen klein geschnitten darunter, wie auch schön 6 Lth gestiftelten
Zitronat, ein halb Pfund Zucker und
einen Vierting schön gestossenen Mandeln,

… hernach mach auf Oblatblätter Kranzeln und backs schön gelblicht, dann brichs voneinander und dupfs mit Eis, in das Grüberl gieb etwas Eingesottenes, so sind sie fertig.

Aneis-Brätzeln zu machen

Nimm anderthalb Vierting Mehl und ein Vierting Butter, rebels ein wenig ab, misch einen Vierting gestossenen Zucker darunter, etwas Lemoni, etwas Aneis; mach ihn zusammen, schneid Stückerln und mach Brätzeln daraus; legs auf das Blatel, beschmier es mit Eyerklar, besäe sie mit Zucker und backs in Ofen schön; so sind sie fertig.

Die Zitronat-Krapfeln

Nim ein Pfund Mehl auf das Bret und ein Pfund Butter, rebels ein wenig ab, gieb von einer Lemoni die Schalen, klein geschnitten, darunter, wie auch um 6 Kreuzer gestiftleten Zitronat, ein halb Pfund Zucker und ein Vierting fein gestossene Mandeln, …

… walche den Taig fingerdick aus, mache runde Krapfeln daraus, beschmier sie mit Eyerklar, besäe sie mit Zucker, backs in Ofen schön; so sind sie fertig.

Die Zirbisnißel-Kartel

Nimm ein halb Pfund Mehl und 12 Loth Butter, rebels ab; nimm auch ein Vierting Zucker, ein wenig Zimmet, gestossene Nägerl, ein Zeltel Schokolade, auch von einer Lemoni die Schäler klein geschnitten; wenn du willst, kanst auch ein paar Loth gestossene Mandeln darunter nehmen und untereinander abrebeln; zusamen machen, auswalchen und Karteln schneiden; schmiers mit Eyerklar, belegs mit Zirbißnüßel, besäe es mit Zucker und back sie schön gelblicht.

Die Mandel-Bögen

Nimm 6 Loth Zucker, stoß ihn ins Wasser ein und laß ihn in einer Pfann spinnen, dann gieb ein Vierting fein geschnittene Mandeln hinein, laß ein wenig rösten, das weiß bleibt, giebs hernach in ein Weidling und rühr von 2 Eyern die …

welche den Teig eingedrückt auf,
mache runde Kräpferln daraus, bestreiche
sie mit Eyerklar, bestreue sie mit Zucker,
backe im Ofen schön, so sind sie fertig.

Die Zirbisnüßel Zeltel.

Nimm ein halb Pfund Mehl und 12 Loth
Butter, abbröseln, nimm auch ein Vierting
Zucker, ein wenig Zimmet, gestossene
Nägerl, ein Zeltel Schokolade; auch von
einer Lemoni die Schäler klein geschnitten, wenn du willst kanst auch ein
paar Loth gestossene Mandeln darunter nehmen und untereinander abarbeiten zusammen machen, auswalchen und
Zeltlen schneiden, schmiere mit Eyerklar, belege mit Zirbisnüßel, bestreu-
e mit Zucker und back sie schön gelblicht.

Die Mandel Bögen.

Nimm 6 Loth Zucker, stoß ihn und dessen
nim und lass ihn in einer Pfann zerrinnen,
dann gieb ein Vierting feine geschnittene
Mandeln hinein, lass ein wenig rösten
daß es weiß bleibt, giebe hernach ein
Zweidling und auch von 2 Eyern die

 Rand darunter, wie auch von einer Li-
mone die Schalen sein darunter geschnitten, nach diesem schneide Oblat 2 Finger breit und lang wie die
Bögen, dann streich den Taig schön
dick darauf, schmiere die Bögen
mit Wachs und leg die Oblat darauf, backe im Ofen schön gelblicht
und wenn sie gebacken sind so
dunst sie mit Eis.

13 Die gesulzten Äpfel. X

Nimm einen halben Obers und siede es
ab, dann gieb 6 Loth gestossenen
Zucker hinein und lass ein wenig auskühlen, dann sprudle von Hennen bey
der Glut 8 Eyerdötter und um 6 xr.
gestossene Vanilla darunter,
nimm in ein Pfandel 2 Loth Hausenblattern und ein halb Viertel
Wasser dazu, lass gut zergehen,
dann seyhe es durch ein Tuch und
sprudle es unter das Obers, dann
schmiere den Model auf seiner Seite
mit Mandelöhl, giess das ge-
sprudelte darein und lass sulzen,
wenn sie gesulzt sind so stürze sie
heraus und mach den Ringel von Wagerln
darein so sind sie fertig.

... Klar darunter, wie auch von einer Lemoni die Schäler fein darunter geschnitten; nach diesen schneide Oblat 2 Finger breit und lang wie die Bögen; dann streich den Taig schön dick darauf, schmiere die Bögen mit Wachs und leg die Oblat darauf; backs in Ofen schön gelblicht und, wenn sie gebacken sind, so dupf sie mit Eis.

Die gesulzten Äpfel

Nimm eine halbe Obers und siede es ab, dann gieb 6 Loth gestossenen Zucker hinein und laß ein wenig auskühlen, dann sprüdle von ferne bey der Glut 8 Eyerdötter und um 6 Kreuzer gestossene Fanille darunter; nimm in ein Pfandel 2 Loth Hausenplatter und ein halb Seitel Wasser dazu, laß gut zersieden; dann presse es durch ein Tuch und sprüdels unter das Obers; dann schmier den Model auf einer Seite mit Alkernensaft, gieß das Gesprüdelte darein und laß sulzen; wenn sic gcsulzt sind, so stürze sie heraus und mach den Stingel von Nagerln daran; so sind sie fertig.

Blamasche-Sulz

Nimm 3 halbe Obers, welche siedend seyn muß, gieb 3 Vierting geschwellte und fein gestossene Mandeln darunter, wie auch um 6 Kreuzer Fanille; laß es eine Stund stehen; nachdem nimm ein Tuch, dunks in Wasser ein, damit es den Waschgeruch verliert; nachdem seige es durch; nimm anderthalb Vierting Zucker, dunk ihn in Wasser ein und gieb noch etliche Eyergucken Wasser darunter, daß er sich nicht anbrennt; laß ihn spinnen und gieb in darunter; siede 2 Loth Hausenblattern in einen Seitel Wasser solang, bis sie sauber versotten sind; dann preß es durch ein Tuch, giebs auch darunter; nach diesen seig es nochmal durch ein Tuch, laß auskühlen; giebs nach dem in eine Schalen und laß sulzen; laß dir auch ein halb Seitel stehen und färbe es rosenfarb mit Alkermessaft und ziere die Sulz; mach einen Kranz darauf, besteck es mit Pistazen und Zirbisnißel oder leg Blumen ein; so ist sie fertig.

Weichsel-Sulz

Nimm von 6 Lemonien den Saft in ein Weidling und ein Seitel Wasser dazu …

Blamanschen Sulz.

Nim 3 halbe Oberbiorlisches [illegible] [illegible] gieb 3 Vierting geschwellte und klein gestossene Mandeln darunter, wie auch um 6 xr Vanillen, lass es einer Stund stehen, nachdem nim ein Tuch, druck's in Wasser aus darauf es den Wassergeruch verliert, nachdem seige es durch, nim anderthalb Vierting Zucker, druck ihn in Wasser ein und gieb noch etliche Lemonien Wasser darunter, dass er sich recht nebeneinand, lass ihn spinnen und gieb ihn darunter, siede 2 Loth Hausenblattern in einem Viertel Wasser so lang bis sie sauber zergangen sind, dann muss es durch ein Tuch gieb's auch darunter, nach diesem seige es nochmal durch ein Tuch, lass's auskühlen, gieb's nachdem in einen Schalen und lass sulzen, lass dir auch ein halb Viertel stehen und färbe es rosenfarb mit Alkermessaft und ziere die Sulz mit einem Kranz darauf, bestreue es mit Pistazien und Zirbelnüssel, oder mit Blumen, so ist sie fertig.

Weichsel Sulz.

Nim von 6 Lemonien den Saft in eine Schüssling und ein Viertel Wasser dazu

38.) einen auf ein Vierting Zucker in Wasser
eindünsten und spinnen lassen, gieß ihn
darunter, nimm ein Loth Pfersichblat-
tern in ein Reindel und ein halb
Viertel Wasser darauf, laß ganz zersieden, wenn es genug gesotten ist, seih's
durch ein Tuch, nimm ein halbes Viertel Weichselsaft dazu, seig alles
durch ein Tuch, gieb es auf einen Schüssel
und laß sulzen, sie ist fertig.

3 Den Schokolade Schaum zu machen.

Nimm einen Maß abgesottenes Obers
und koch 4 Zeltel Schokolade darein,
nachdem nimm 6 Loth gestossenen
Zucker in ein Häferl, rühre 16
Eyerdottern darunter, mach diesen
6 Sprudeln auf der Glut, den Schokolade sobald darunter bis es recht
dick ist, gieb auch um 3 xr Vanille
darunter, richte ihn auf die Schüssel
so ist er fertig.

3 Kaffee Schaum.

Nimm 6 Loth gebrennten Kaffee in
ein Häferl, siede einen halben Seitel
Obers, gieß es darauf, decke es gut

… nimm auch ein Vierting Zucker in Wasser, eindunken und spinen lassen; gieß ihn darunter, nimm ein Loth Hausenblattern in ein Pfandel und ein halb Seitel Wasser darauf; laß ganz zersieden; wenn es zersotten ist, preß durch ein Tuch, nimm ein halbes Seitel Weichselsaft dazu, seig alles durch ein Tuch; giebs auf eine Schüssel und laß sulzen; sie ist fertig.

Den Schokolade-Grem zu machen

Nimm eine Maß abgesottenes Obers und koch 4 Zeltel Schokolade darein, nachdem nimm 6 Loth gestossenen Zucker in ein Häferl, rühre 16 Eyerdötter darunter; nach diesen sprüdle auf der Glut den Schokolade solang darunter, bis er recht dick ist; gieb auch um 3 Kreuzer Fanille darunter, richte ihn auf die Schüssel; so ist er fertig.

Kaffee-Grem

Nimm 6 Loth geriebenen Kaffee in ein Häferl, siede eine halbe gutes Obers, gieß es darauf, decke es gut …

… zu, damit kein Dunst davongeht, laß es setzen; nach dem nimm ein sauberes Tuch, gieß das Obers darein; laß es durchlaufen; aber nur solang, als es klar geht; laß es auskühlen, gieß es in ein anderes sauberes Häfen, schlage 9 Eyerdötter darein, zuckers nach deinen Belieben, sprüdle es auf der Glut ab, daß es schön dick wird; gieß es auf eine Schalen, gieb es warmer auf die Tafel; so ist er fertig.

Lemoni-Grem

Nimm 3 schöne große Lemoni, reibe sie mit ein Vierting Zucker ab, hernach stosse den Zucker fein und rühre ihn in ein Häferl mit 10 Eyerdötter schön dick auf; dann trucke von die 3 Lemoni den Saft in ein schönes Reindl, gieb soviel Wasser zu den Saft, daß es mitsamt den Wasser und Saft nicht gar ein Seitel ist; laß es auf der Glut gut sieden; wenn es sied, so rühre das Gerührte schön hinein; rühre es beständig auf der Glut, bis es schön dick wird; dann richte ihn auf eine Schüssel oder Schalen an, säh ihn mit Zucker und glasiere ihn mit einen glühenden Schäuferl; so ist er fertig.

zu damit kein Dunst davon geht, lass
es sitzen, nachdem nimm ein sauberes
Tuch, giess das Obers darein, lass es
durchseihen, aber nur solang als es
klar geht, lass es verkühlen, giess es in
ein anderes sauberes Häfen, schlag 9
Eyerdotter darein, zuckers nach deinem
Belieben, sprudle es auf der Glut ab
dass es schön dick wird, giess es auf eine
Schalen, gieb es warmer auf die Tafel
so ist es fertig.

3 Lemoni Creme

Nimm 3 schöne grosse Lemoni, reibe sie
mit ein Viertung Zucker ab, hernach
stosse den Zucker fein und rühre ihn
in eine Häfen mit 10 Eyerdottern
schön dick auf, dann trucke von den 3
Lemoni den Saft in eine schöne Reindl
gieb soviel Wasser zu dem Saft dass es
mitsamt dem Wasser und Saft nur
gar eine Seitel ist, lass es auf der Glut
gut sieden, wenn es siedet so rühre
das gerührte schön hinein, rühre es
beständig auf der Glut bis es schön
dick wird, dann richte ihn auf einen
Schüssel oder Schalen an, bestreue ihn mit
Zucker und glasire ihn mit einem glühenden Schäufel, so ist es fertig.

Die gesulzten Marillen. 3.

Nim 24 Marillen, schäle sie, dann nim anderthalb Vierting Zucker, läutere ihn mit Wasser rein, dann lasse ihn sieden bis er spinnt, schütte ein halb Wasser daran, wann es siedt, so gieb die ganzen Marillen darein und lasse eine hal- be Stund sieden daß sie weich werden, hernach lege sie heraus, den Saft auf die Sulz Schalen, siede anderthalb Loth Hausenblatter in ein Seitel Wasser recht gut, gieb es in den Saft und verrühre es gut, seige es durch ein Servietten über die Marillen, stelle es in einem kühlen Ort und lasse es gut sulzen, ziere es mit Zierbis- müßel Blech, so ist es fertig.

Auf diese Art sulzt man auch die Weichsel und Pfirsiche.

Lemoni Sulz 3.

Nim in eine Weidling eine Maß Wasser, sodann drucke von 10 Lemoni und 2 Pomeranzen den Saft darein, dann eine etliche Würfel Zucker von dem Pfund weg was du dazu

Die gesulzten Marillen

Nimm 24 Marillen, schäle sie, dann nimm anderthalb Vierting Zukker, tunke ihn ins Wasser ein; dann laß ihn sieden, bis er spinnt; schütte ein halb Wasser daran; wann es sied, so gieb die ganzen Marillen darein und laß eine halbe Stund sieden, daß sie weich werden; hernach lege sie heraus ohne Saft auf die Sulz-Schalen, siede anderthalb Loth Hausenblatter in ein Seitel Wasser recht gut, gieb es in den Saft und verrühre es gut, seige es durch ein Serviette über die Marillen, stelle es in einen kühlen Ort und laß es gut sulzen; ziere es mit Zierbisnüßel Blüh; so ist es fertig.

Auf diese Art sulzt man auch die Weichsel und Pfirsiche.

Lemoni-Sulz

Nimm in ein Weidling eine Maß Wasser, sodann dunke von 10 Lemoni und 2 Pomeranzen den Saft darein, dann nimm etliche Stückel Zucker von dem Pfund weg was du dazu …

… brauchst, reibe sie mit Lemoni-Schalen ab; nach diesen nimm den andern Zucker, stosse ihn in das frische Wasser und giebs in eine messinge Pfann; laß ihn sieden, daß er spinnt; dann schütte ihn in den Saft, nimm 3 Loth Hausenblattern, gieb ein groß Seitel Wasser darauf und laß ganz zersieden; dann preß recht gut durch ein Tuch und gieß unter den Saft; gieb den abgeriebenen zerstossenen Zucker darein und seige es durch ein Tuch auf die Schalen und laß sulzen; auf diese Art kann man die Pomeranzen-Sulzen anmachen.

Die Olio-Suppen zu machen

Gieb in eine Rein kälberne Knochen, von Hendeln Leber und Magerln wie auch zerschiedne Beiner darein; fülle es mit recht guter Rindssuppen auf, laß es recht gut dünsten, dann mache eine gute Buttersoß, rühre sie auch darein, gieb auch um 2 Kreuzer …

braucht, reibe sie mit Limoni Schelen
ab, nach diesem nimm den andern Zucker
stoß ihn in das abgezogene Wasser und
giebe in einer messingen Pfann, laß
ihn sieden daß er spinnt, dann schütte
ihn in den Saft, nimm 3 Loth Pfirsich-
blättern, gieb eine gross Seidel Wasser
darauf und laß ganz zusammen sieden, dann
preß recht gut durch ein Tuch und
gieß wieder den Saft, gieb den abgeriebenen zerstossenen Zucker darein
und seihe es durch ein Tuch auf die
Schalen und laß sulzen, aus diesem
Saft kann man die Pomeranzen Sulzen
machen.

3 Ein Olio Suppen zu machen.

Gieb in einen Rein kälbernen Knochen
von Hendeln Leber und Magerln,
wie auch zerschnittene Kräuter darein
füll es mit recht guter Rindsuppen auf, laß es recht gut dünsten
dann mache einen guten Butter Roß, rühre
es ein auch darein, gieb auch ein 2 Lo

42. in Obers geweichte Semmel hinein,
ohne zu viel aufzudünsten, lasses
noch gut dünsten, gib auch etwas
Muskatblüh dazu und salze sie
wie recht ist, wann du sie brauchst
so treibe sie durch ein Haarsieb und
gibs zur Tafel.

Die Lebersuppen

Nimm ein Stückel kälbernen Leber,
salz und banier sie in Bröseln und
Mehl und backs aus dem Schmalz,
dann nimm einen zweyer Semmel,
schneide sie und röst aus dem
Schmalz, sodann stoß sie mit der
Leber zusammen, hernach gibs in ein
Häfen und gieß eine Rindsuppen
darauf, soviel du Suppen brauchst,
dann nimm 2 Loth Butter, laß ihn
zerschleichen, gib soviel Mehl
dazu daß es [illegible] und laß schön gelblicht anlaufen, dann schwings in
die Suppen, salz sie, gib ein wenig Muskatblüh hinein und
laß versieden, wann du sie brauchst

… in Obers geweichte Semeln hinein, ohne sie viel auszudrücken; laß es noch gut dünsten; gieb auch etwas Muscatblüh dazu und salze sie, was recht ist; wenn du sie brauchst, so seige sie durch ein Haarsieb und giebs zur Tafel.

Die Leber-Suppen

Nimm ein Stückerl kälberne Leber, salz und banir sie in Brösel und Mehl und backs aus dem Schmalz, dann nimm eine Zweyer-Semel, schneide sie und pfaz aus dem Schmalz; sodann stoß sie mit der Leber zusammen; hernach giebs in ein Häfen und gieß eine Rindsuppen darauf, soviel du Suppen brauchst; dann nimm 2 Loth Butter, laß ihn zerschleichen; gieb soviel Mehl dazu, daß es nezt, und laß schön gelblicht anlaufen; dann sprüdels in die Suppen, salze sie, gieb ein wenig Muscatblüh hinein und laß versieden; wann du sie brauchst, …

… so seige sie durch ein Sieb, pfatz die Schnitteln und richte sie an; so ist sie fertig.

Die Kachel-Suppen

Nimm ein Stückel gebratenes kälbernes oder lämernes Bratel, schneids mit ein paar Schambian klein zusammen; laß ein Stückel Butter mit Mehl schön gelblicht anlaufen; dann gieb das Geschnittene darein und laß verdünsten; nachdem rührs mit einer Rindsuppen ab in der Dicke wie eine Einmachsoß; salze sie ein wenig, gieb ein wenig Muscatblüh und laß versieden, dann richte sie auf gepfazten Schnitteln; so ist sie fertig.

Die Apartement-Suppen

Nimm 2 lämerne Kerntel und richts zu wie Karmenadel, mach von ein Vierting Butter eine gute Einmach-Soß; wenn sie fertig ist, so gieb die Karmenadeln hinein; dann gieb auch …

so seihe sie durch ein Sieb, setz die Schnittlen und richte sie an, so ist sie fertig.

3 Die Haschel Suppen

Nimm ein Stückel gebratenes kälbernes oder lämmernes Bratel, schneid mit ein paar Schampian klein zu hacken, lass ein Stückel Butter mit Mehl schön gelblicht anlaufen, dann gib das geschnittene darein und lass es dünsten, nachdem gieß es mit einer Rindsuppen ab in der Dicke wie eine Einmachsoß, salze sie ein wenig, gib ein wenig Muskatblüh und lass aufsieden, dann richte sie auf geschnittene Schnittel, so ist sie fertig.

Die Lämmernen Suppen

Nimm 2 lämmerne Bratel und richte zu wie Lämmernes, mach von ein Vierting Butter eine gute Einmach Soß, wenn sie fertig ist, so gib die Lämmernes hinein, dann gib auch

8 Weinzeln gesotten und ausgelößt
Kernen, zerstückelt geschnitten
und in die Soß geben, gieb auch
ein Vrtl. gewürfelten und abgedünsten Schampion darein, wann
du hast, von ein gebratenen
Kapaun oder Hendel ein Viertel,
so schneide schöne Schnitzel auf und
gieb auch darein, laß gut versieden, dann richte auf Fingerlang geschnitzte Semmelschnittlen
an, so ist sie fertig.

3

Die braunen Saft Suppen:

Richt in einen Rein die Sose, nimm
dazu ein Viertel Leber, schneide von
einander, geblaterlte gelbe Ruben,
Petersill Wurzel, ein halb Pfund
Rindfleisch, Schafschlüssel, geblatelten Zeller, Zwiebel, 4 Blateln
Speck, 2 Blattelen Kalbfleisch, dieß
alles miteinander mit Abschöpffetten abgedünst schön goldgelblicht, dann fülle mit Rindsuppen
soviel du brauchst, salze sie, gieb Mus-

… 8 Brinseln gesotten und ausgelößt hinein, gestreiflet geschnitten und in die Soß geben; gieb auch um 1 Kreuzer gewürfelte und abgedünste Schambian darein, wenn du sie hast, von ein gebratnen Kappaun oder Hendel ein Stückel; so schneide schöne Schnitzel auf und giebs auch darein; laß gut versieden, dann richts auf Fingerlang gepfazte Semelschnitteln an; so ist sie fertig.

Die braune Saft-Suppen

Richt in eine Rein die Schü, nimm dazu ein Stückel Leber, schneids voneinander, geblatelte gelbe Ruben, Petersill-Würzel, ein halb Pfund Saftfleisch, Schaffüßel, geblatelten Zeller, Zwiebel, 4 Blateln Speck, 2 Blatteln Kalbfleisch; dieß alles miteinander mit Abschöpffetten abgedünst schön goldgelblicht; dann fülls mit Rindssuppen, soviel du brauchst; salze sie, gieb Mus- …

… katblüh und laß gut versieden, nachdem seige es durch ein Sieb; wenn es durchgeseigt ist, so koche etwas darein nach deinen Belieben; dann richts an; so ist sie fertig.

Die Vögerl-Suppen

Nimm ein Bandel Kranawerthen und brate sie; wenn sie gebraten sind, so schneid das Fleisch von den Beinen herunter und hernach stoß mit einer geschnittelten gepfazten Kreuzer-Semel; dann nimm ein Stückel Butter in ein Reindel und laß es gelblicht anlaufen mit 3 Löffel voll Semmel-Mehl; dann gieb das Gestossene darunter und laß gut verdünsten; nachdem gieb in ein Häferl und sprüdels mit einer guten Rindsuppen ab; soviel Suppen, als du brauchst; dann laß gut versieden, salze es, gib ein wenig Muscatblüh dazu, seige es durch und richts auf das Konsome an.

Das Konsome wird gemacht

Nimm zu dem Konsome 2 Kreuzer-Semeln, …

katblüh und laß gut versieden, nachdem treib es durch ein Sieb, wenn es durchgetrieben ist, so koche etwas darein nach deinem belieben, dann richts an, so ist sie fertig.

3

Eine Vögerl Suppen.

Nimm ein Handel Kranawetvögel und brate sie, wenn sie gebraten sind so schneid das Fleisch von den Beinen herunter und hernach stoß mit einer geschnittenen gerösteten Semmel, dann nimm ein Stuckel Butter in ein Reindel und laß es gelblicht anlaufen mit 3 Löffel voll Semmel Mehl, dann gieb das gestossene darunter und laß gut verdünsten, nachdem gieb es in ein Häfnel und sprudle es mit einem guten Rindsuppen ab, soviel Suppen als du brauchst dann laß gut versieden, salzen, da gieb ein wenig Muscatblüh dazu, treib es durch und richte auf das Consomen an.

3

Das Consomen wird gemacht.

Nimm zu dem Consomen 2 kr. Semmeln

16.) Treib es ab, schmutzle's und giebs in ein Reindl, gieb einen Vogel Suppen daran nach und lind durch den Fleisch in der Dicke wie ein Dachstein ab, dann gieb 4 Loth Butter darein und treibs ab, schlag 5 ganze Eyer daran, salze es ein wenig, dann gieb das Fleisch von den Vögel klein geschnitten darein, tern, schmier ein Dosch mit Butter, fülle es ein und siede's in Dunst oder back's.

Die Mandel Suppen.

Nimm 3 halb Milch, siede sie ab, gieb ein Vierting klein gestossene Mandeln hinein und laß sieden bis es Zeit zum anrichten ist, seige es hernach durch ein Sieb, zuckere nach belieben, laß sieden, wann sie siedet so sprudels mit 4 Eyerdotter ab, gieb ein wenig gestossene Vanille darunter und richte's an.

3

Die Schokolade Suppen.

Nimm 4 Zeltel Schokolade und siede sie mit 3 halb Wasser recht gut ab, dann sprudels mit 6 Loth Zucker ab, gieb

… reibs ab, schnitzels und giebs in ein Reindel, gieb eine Vogel-Suppen darauf und binds auf der Glut, in der Dicke wie ein Koch, fein ab; dann gieb 4 Loth Butter darein und treibs ab, schlag 5 ganze Eyer daran, salze es ein wenig; dann gieb das Fleisch von die Vögel, fein geschnitten, darunter; schmier ein Beck mit Butter, fülls ein und sieds in Dunst oder backs.

Die Mandel-Suppen

Nimm 3 halb Milch, siede sie ab, gieb ein Vierting fein gestossne Mandeln hinein und laß sieden, bis es Zeit zum Anrichten ist; seige es hernach durch ein Sieb, zuckers nach Belieben, laß sieden; wenn sie siedet, so sprüdels mit 4 Eyerdötter ab, gieb ein wenig gestoßne Fanille darunter und richts an.

Die Schokolade-Suppen

Nimm 4 Zeltel Schokolade und siede ihn mit 3 halb Obers recht gut ab, dann sprüdels mit 6 Loth Zucker ab, …

… gieb um 3 Kreuzer Fanille darunter; wenn du willst, so kannst du sie mit 4 Eyerdötter absprüdeln; dann richts auf gebähte Semelschnitteln an.

Grüne-Erbsen-Suppen

Nimm eine halbe grobe frische Erbsen, dünste sie in einen Reindel mit ein Stückel Butter ab und gieb ein wenig Schleim Suppen darunter, damit sie recht weich werden; dann stoße sie fein in Mörser zusammen; hernach laß ein halben Vierting Butter mit 4 Löffel Mehl anlaufen, was es nezt; in der Farb wie eine Butter-Soß, gieb die Erbsen darunter, gieb für 1 Kreuzer Spinat den Topfen auch darunter; dann fülls mit Schleim-Suppen auf, soviel du brauchst; salze und laß ein wenig versieden, daß die Farb nicht verliert; passiers durch auf gepfazte Schnittel und giebs auf die Tafel.

Spargel-Suppen

Nimm ein Büschel Spargel, puz ihn und schneid ihn gliedlang, als das Holzichte nicht; sied ihn in Salz Wasser weich; dann mach eine gute Butter-Soß und gieb den Spargel darein; laß gut versieden, hernach richts auf gepfazte Semelschnittel an.

um 3 xr. Vanille darunter, wenn du willst so kanst du sie mit 4 Eyerdötter absprudeln, dann richts auf gebähte Semmelschnittlein an.

3 Grüne Erbsen Suppen.

Nimm einen halben groben frischen Erbsen dünste sie in einem Reindl mit ein Bröckel Butter ab und gieb ein wenig Fleischsuppen darunter damit sie nicht weiß werden, dann stosse sie klein im Mörser zusammen, hernach laß ein halben Vierting Butter mit 4 Löffel Mehl anlauffen wol abrennt, in der Farb wie eine Butter Soß, gieb die Erbsen darunter, gieb auch 1 xr. Spinat den stossen auch darunter dann füll es mit Fleischsuppen auf soviel du brauchst, salze und laß ein wenig versieden daß die Farb nicht verliert, passirs durch auf gebähte Schnittel und giebs auf die Tafel.

Spargel Suppen. 3

Nimm ein Büschel Spargel putz ihn und schneid ihn gliederlang als das holzichte nicht, siede ihn in Salzwasser weich, dann mach eine gute Butter Soß und gieb den Spargel darein, laß gut versieden, hernach richts auf gebähte Semmelschnittlein an.

48.)

Die gestossenen Hechtensuppen

Nimm einen kleinen Hechten, putz und wasch sauber aus, salzen es und walz in Bröseln und Mehl um, hernach backs in Schmalz recht resch heraus, dann stoss ihn mit einem geschälten Kreuzer Semmel klein zusammen, dann giebs in ein Reindl ein Stückel Butter und laß mit Mehl schön gelblicht anlaufen, dann gieb das gestossene darein und laß gut verdünsten und füll mit Erbsen Wasser auf, soviel du Suppen brauchst, salz, laß gut hersieden, dann passirs durch, auf Hechten Pastetel, die Pastetel mach von Milchram Kipferln, den Hasch mach von ein Stückel gebratenen Hechten, schneid ihn mit ein wenig grün Petersill zusammen, dann treib den Hasch mit ein Stückel Butter und mit ein Eyerdotter ab, salz und füll die

Die gestossene Hechten-Suppen

Nim ein kleines Hechtel, puz und wasch sauber aus, salze es und walz in Brösel und Mehl ein; hernach baks in Schmalz recht resch heraus; dann stoß ihn mit einer gepfazten Kreuzer-Semel schön zusamen; dann giebs in ein Reindl ein Stückel Butter und laß mit Mehl schön gelblicht anlaufen; dann gieb das Gestossene darein und laß gut verdünsten und fülls mit Erbsen-Wasser auf, soviel du Suppen brauchst; salz, laß gut versieden; dann passirs durch auf Hechten-Bafeßel. Die Bafeßel mache von Milchram-Kipfeln, den Fasch mach von ein Stückel gebratenen Hechten; schneid ihn mit ein wenig grün Petersill zusammen; dann treibe den Fasch mit ein Stückel Butter und mit ein Eyerdotter ab, salz und füll die …

… Bafeßeln damit, dann tunks in die Milch ein und walze es in Eyern, backs aus dem Schmalz, so sind sie fertig.

Die Frosch-Suppen

Nimm 30 Frösch, puz sauber und wasch aus; dünste sie mit ein Stückel Butter ein wenig ab, daß sie nicht von Beinern fallen; dann mach eine gute Butter-Soß und rührs mit Arbes-Wasser ab, salz und gieb ein wenig Muscatblüh darein; laß gut versieden, dann gieb die Frösch darein, laß aufsieden und richts auf gepfazte Semelschnittel an, oder mach Semel-Knödel und backs mit dem Schmalz; dann siede sie ein wenig in Arbes-Wasser, giebs in Topf und richt die Frösch-Suppen darüber.

Die rothe Kaiser-Gersten

Nimm 12 lebendige Krebsen. Diese werden kleingestossen, siede ein Seitel Milch und gieß darunter; dann seigs durch ein Tuch recht gut, daß alles herausgeht; nach dem sprüdel 4 ganze Eyer darunter, …

beschüsseln damit, dann tunck's in die Milch ein und walze es in Eyern, backe aus dem Schmalz so sind sie fertig.

Ein Grosch Suppen

Nimm 30 Krösch, putz sauber und wasch aus, dünste sie mit ein Stückel butter ein wenig ab, daß sie nicht von binnen fallen, dann mach einen gute butter Soß und rühre mit Lobert Wasser ab, salz und gieb ein wenig Muscat- blüh daran, laß gut versieden, dann gieb die Krösch daran, laß auf sieden, und richte auf geröste Semmel- schnittel an, oder mach Semmel Knödel und backe mit dem Schmalz, dann siede sie ein wenig in Lobert Wasser gieb's in Topf und richt die Krösch Suppen darüber.

3

Eine rothe Linzer [illegible]

Nimm 12 lebendige Krebsen, diese werden klein gestossen, siede ein Seitel Milch und giess darunter, dann treib durch ein Tuch recht aus, daß alles hinein geht, nach dem sprudel 4 ganze Eyer darunter,

Salz, schmiere ein Reindel mit Butter
fülls hinein und lass unt und oben
glühenden Aschen aber nicht zu glühend, dass die Farb nicht vergeht
und lass zu schön gelb werden, hernach
giebt Bröckelweis in die Rindsuppen.

3. Gespickten Mäuerchen

Nimm ein Bröckel gesotten und kälbernes Beischel klein geschnitten, fer-
ner treib 2 Loth Abschöpfbutter mit
einem geweichten Zweyer Semmel ab
mit 2 ganzen Eyern, nimm zu dem
Beischel ein wenig klein geschnittenen
Petersill und Zwiebel, salz es, ein
wenig Gewürz, mische dies alles
unter einander, mach einen Butterteig von 2 Loth Butter 4 Loth Mehl,
treib's ein wenig ab, hernach ein
ein Eyerdotter und 2 Löffel, das
Metz streich kein ab, walche ihn,
machen Fingerlange Streifel, wickle
zusammen, leg den Speckern und
formiren einen Mäuerchen, backs in
Schmalz, lass in der Rindsuppen versieden und richt an, man kann auch

… salz; schmier ein Reindel mit Butter, fülls ein und laß unt und oben glühenden Aschen; aber nicht zu glühend, daß die Farb nicht vergeht; und laß zusamgehn, hernach giebs stückelweiß in die Rindsuppen.

Faschierte Maurachen

Nimm ein Stückel gesottenes kälbernes Beischel, klein geschnitten; hernach treib 2 Loth Abschöpffetten mit einer geweichten Zweyer-Semel ab mit 2 ganzen Eyern; nimm zu dem Beischel ein wenig klein geschnittenen Petersill und Zwiebel, salze es, ein wenig Pfeffer, mische dieß alles untereinander; mach einen Butter Taig von 2 Loth Butter, 4 Loth Mehl, streichs ein wenig ab; hernach nimm ein Eyerdotter und Wasser, das Netz streich fein ab; walche ihn, radle fingerlange Fleckerl, wickels zusammen, leg den Fasch an und formire eine Maurachen, backs in Schmalz, laß in der Rindsuppen versieden und richts an; man kans auch …

… statt einen Eingemachten geben in einer Buttersoß mit einen guten Theil Petersill.

Das Obers-Eiterl

Nimm ein Seitel Obers in ein Häferl, schlag 5 ganze Eyer hinein; nimm ein wenig Muscatblüh, salz und sprüdle es gut ab; nimm ein Reindel, schmier es mit Butter und schütte es hinein; thu oben und unten glühenden Aschen darauf und backs solang, bis es zusam geht; gieb aber acht, daß es nicht braun wird; stürz heraus, legs in die Schüssel; bestecks mit Pistazen, schütt die Suppen darauf; so iſt sie fertig.

Die Semel-Pasteteln

Reibe von mehrern runden Zweyer-Leiberl die Bröseln ab, schneide oben ein rundes Blatel weg, nimm die Schmollen heraus, tunke die ausgehölte Semel in die Milch ein; nimm ein Seitel grüne Erbsen, wie auch von 20 Krebsen die Schweifel, gewürfelt geschnitten, und 4 kleingeschnittene Schambian, auch kleingeschnittenen grün Pe- …

stett einen eingemachten geben in
einen Butterteig mit einem guten
Theil Butterfüll.

Das Obers Kitzel.

Nim ein Seitel Obers in ein Häferl,
zerschlag 5 ganze Eyer hinein, thue ein
wenig Muscatblüh, Salz und Zucker
es gut ab, nime ein Reindel schmiere
es mit Butter und schütte es hinein,
thu oben und unten gleichende Glut
darauf und backe es solang bis es zusam
geht, gieb aber acht daß es nicht braun
wird, stürz heraus, lege in die Schüssel, bestreue mit Pistazien, schütt die Suppen
darauf, so ist sie fertig.

Die Semmel Pastetlen. 3

Reiben von mehreren runden guten Semmel die Brösel ab, schneide oben eine
runde Blatel weg, nime die Schmollen
heraus, tunke die ausgeholte Semmel
in die Milch ein, thue ein Seitel
grüne Erbsen, wie auch von 20 Krebsen die Schweifel gewürfelt geschnitten und 4 kleine geschnittene Schampion, auch kleine geschnittene grüne Pe-

52. angefüllt, dünste alles miteinander in
Krebsbutter, selze es, staube ein Kochlöffel Mehl darauf, und ein halben
Schöpflöffel Erbsenwasser oder
Fleischsuppen, laß es noch ein wenig sieden
daß es schön dick wird, alsdann füll
die Semmel voll an, leg das weggeschnittene Blatel darauf, daß es dicker
bleibt, dunk sie in Eyerklar, gieb
unten derselben ein bißel Mehl, nach
diesem bewirf es mit Eyern und bröseln
ein, back sie in Schmalz, gieb die Semmel
auf die Schüssel so sind sie fertig.

Die Crem Kipfeln.

Nimm kleine altgebackene Eyerkipfel,
reibe sie ab, schneide sie auseinander, nimm die Schmollen heraus,
weiche sie in der Milch ein, daß sie
aber nicht zerbrechen, wann sie genug
geweicht sind, so fülle sie mit
Crem, lege sie zusammen, bewirf
sie mit Eyern und bröseln, back sie in
Schmalz aus, so sind sie fertig.

Der Crem wird gemacht von ein
Viertel Obers, sprudel 3 Eyerdotter
hinein, mach davon ein gutes dickes

… tersill, dünste alles miteinander in Krebsbutter, salze es, staube ein Kochlöffel Mehl darauf und ein halben Schöpflöffel Erbsenwasser oder Fleischsuppen; laß noch ein wenig sieden, daß es schön dick wird; alsdann füll die Semel voll an; lege das weggeschnittene Blatel darauf, daß es picken bleibt; dunks in Eyerklar, gieb unter dasselbe ein bißel Mehl, nach diesen banirs in Eyern und Böseln ein, backs in Schmalz, gieb die Semel auf die Schüssel; so sind sie fertig.

Die Grem-Kipfeln

Nimm kleine altgebackene Eierkipfel, reibe sie ab, schneide sie auseinander, nimm die Schmollen heraus, weiche sie in der Milch ein, daß sie aber nicht zerbrechen; wenn sie genug geweicht sind, so fülle sie mit Grem, lege sie zusamen, banirs mit Eyern und Brösel, backs in Schmalz aus; so sind sie fertig.

Der Grem wird gemacht von ein Seitel Obers; sprüdel 3 Eyerdötter hinein, mach davon ein gutes, nicht …

… gar dick ausgekochtes Kindskoch, laß auskühlen und rühr noch ein Eyerdotter darunter; zuckers, gieb auch ein wenig Fanille darunter und fülls ein.

Gerben-Kipfeln

Nimm ein und ein halben Vierting Butter, treibe ihn pflaumig ab; nachdem schütt ein gut halbs Seitel Milch daran und verrührs, dazu 2 ganze Eyer, 3 Dötter, eines nach dem andern gut verrührt, 3 Löffel voll Gerben, salzen; hernach soviel Mehl, daß er sich abschlagen laßt; wenn er von Löffel fällt, so gieb ihn auf das Nudelbret; schneid ihn in Stückeln. Die Stückel füll mit Eingesottnen, mach Kipfeln daraus, schmier mit Eyerklar, besäe es mit Zucker, legs aufs Blatel, laß gehen; wenn sie gegangen sind, so back sie in Öfen schön; so sind sie fertig.

Die französischen Nudeln

Mach von 2 Eyern Nudeln, nach dem gieb in eine Rein Butter oder Schmalz, schütte 3 Seitel Obers darein und laß es sieden, sodann koche die Nudeln ein, …

gar dick aufgekochte Rindsuppe, lass auskühlen und rühr noch ein Eyerdotter darunter, zuckere, gieb auch ein wenig Vanille darunter und fülle sie ein.

Grieben Zipfeln

Nimm ein und ein halben Vierting Butter treibe ihn pflaumig ab, nachdem schütt ein gut halbes Seitel Milch daran und verrühre, dazu 2 ganze Eyer, 3 Dottern, nimm nachdem wieder gut verrührt, 3 Löffel voll Grieben, salzen, hernach soviel Mehl daß er sich abschlagen lasst, wenn er vom Löffel fällt so gieb ihn auf das Nudelbrett, schneid ihn in Stückeln, die Stückel füll mit eingesottenem, mach Zipfeln daraus, schmier mit Eyerklar, bestreu es mit Zucker, legs auf ein Blatel, lass gehen, wenn sie aufgegangen sind so back sie in Schmalz schön, so sind sie fertig.

Die französischen Nudeln.

Mach von 2 Eyern Nudeln, nachdem gieb in einen Casserol ein Butter oder Schmalz, geschüttet 3 Seitel Obers darein und lass es sieden, sodann koche die Nudeln ein,

brennen ein Loth Schmalz darüber und laß sie recht dick sieden, sodann zuckere sie, gieb ein wenig gestossenen Canelln darunter, nachdem laß sie auskühlen, wann sie ausgekühlt sind, so stich sie mit dem Kaffeelöffel heraus, panir in Eyern und Bröseln, bachs aus dem Schmalz, leg auf die Schüssel, gieb ein Krem dazu, den Krem mach von einem Viertel Obers, laß sieden, zuckere, dann sprudle mit 4 Eyerdottern auf der Glut schön-dick, so sind sie fertig.

Gebackene Reisbirn

Nimm einen Vierting Reis, siede ihn in einer halben Obers recht dick, zuckere ihn, gieb ein wenig gestossenen Vanilli daran, laß ihn auskühlen und formir eine Birn daraus, anstatt dem Botzen gieb einen gespaltenen Weinbeerl und den Stingel von Zimmet, den andern Stingel aber von Pomeranzenzägeln, nachdem panir mit Eyern und Bröseln, bachs in Schmalz so ist es fertig.

… brenne 1 Loth Schmalz darüber und laß sie recht dick sieden; sodann zuckere sie, gieb ein wenig gestossenen Fanille darunter; nach dem laß sie auskühlen. Wenn sie ausgekühlt sind, so stich sie mit dem Krapfenstecher heraus, banirs in Eyern und Bröseln, backs aus dem Schmalz, legs auf die Schüssel, gieb ein Grem dazu. Den Grem mach von einen Seitel Obers, laß sieden, zuckers, dann sprüdels mit 4 Eyerdöttern auf der Glut schön ab; so sind sie fertig.

Gebackene Reisbirn

Nimm einen Vierting Reis, siede ihn in einer halben Obers recht dick, zuckre ihn, gieb ein wenig gestossenen Fanille daran, laß ihn auskühlen und formir eine Birn daraus. Anstatt dem Botzen gieb eine gesottene Riebisl und den Stingel von Zimmet, den unteren Stingel aber von Gewürznägeln. Nach diesen banirs mit Eyern und Bröseln, backs in Schmalz; so ist es fertig.

Die Spagat-Krapfen

Nimm ein halb Pfund Mehl, ein Vierting Butter, rebels ab; 4 Eyerdötter, salzen; gieb ein wenig Nagel und Zimmet auch Milchram, soviel als es nezt; nimm auch ein paar Tropfen Essig dazu und mach ihn zusamen, walch ihn fein aus, radel 4eckigte Fleckel und fülls mit Eingesottenen nur in der Mitte und leg das andere darauf; bind sie ganz leicht auf den Model und backs ganz langsam heraus aus dem Schmalz. Hernach besäe sie mit Zucker und Zimet, so sind sie fertig.

Die Spagat-Krapfen mit Mandeln

Nimm auf das Bret 3 Vierting Mehl, ein Vierting Butter, rebels ein wenig ab, gib ein Vierting gestossene Mandeln und ein Vierting gestossenen Zucker dazu, von einer Lemoni die Schälerl, fein geschnitten; rebels alles gut untereinander ab, mach es zusam mit 3 Eyerdötter und ein wenig Wein, dann walch es messerruckendick aus, radel 4eckigte Fleckeln, binds auf den Model, backs aus dem Schmalz, bestreu es mit Zucker und Zimet; so sind sie fertig.

Die Spagat Krapfen. 3

Nim eine halbe Seidl Mehl, ein Vierting Butter, arbeit es ab, 4 Eyerdötter, salzen, gib ein wenig Nagerl und Zimet auch Milchraam, soviel als es braucht, nim auch ein paar tropfen Essig dazu und mach ihn zusamen, walch sie fein aus, radel 4eckigte Flekel und füll es mit eingesottenen nur in der Mitte und leg die andern darauf, bind sie ganz klein auf den Model und bache gantz langsam heraus aus dem Schmalz, hernach bestreu sie mit Zucker und Zimet so sind sie fertig.

3 Die Spagat Krapfen mit Mandeln.

Nim auch dergleichen 3 Vierting Mehl, ein Vierting Butter, arbeit ein wenig ab, gib ein Vierting gestossene Mandeln und ein Vierting gestossenen Zucker dazu, von einer Limoni die Schallen klein geschnitten, arbeit alles gut unter einander ab, mach den Taig an mit 3 Eyerdötter und ein wenig Wein, dann walche Messerrucken dick aus, radel 4eckigte Flekerln, bind auf den Model, bach aus dem Schmalz, bestreu es mit Zucker und Zimet, so sind sie fertig.

Die Roßen Krapfeln:

Nim auf das Bret ein halb Pfund
Mehl und arbeits ab mit einem
Viertung Butter, salzen, gieb 4 Eyr-
dötter und Rahm daran daß es würzt,
in der Feste wie ein Strudeltaig,
nachdem walche ihn fein aus, stiche
aus und zu ein Krapfel 4 blatteln,
eins 3 blateln werden mit Eyrklar
und in das lezte ein Grübel gemacht
und schön in Schmalz herausgebacken,
nachdem gieb in das Grübel ein
Bröckel eingesottens, bestreu es mit
Zucker, so sind sie fertig.

Das Erdäpfel Kompot. 3

Nim einen Viertung Butter, treib
ihn pflaumig ab, dann schlag 6
Eyer daran, eins nach dem andern
gut verrührt, 12 gesottene und geriebene Erdäpfel rühr unter den
Butter, schmiere das Beck mit Butter,
fülle hinein, sind sie in Dunst so lang
bis es zusamen gesotten ist, hernach nim
einen zinnerne Schüssel, schmiere es mit
Butter, schneide es in Stückeln, leg 2 Stückeln
darauf, bestreu es mit Schincken, leg wieder

Die Rosen-Krapfeln

Nimm auf das Bret ein halb Pfund Mehl und rebels ab mit einen Vierting Butter; salzen; gieb 4 Eyerdötter und Ram daran, daß es nezt; in der feste wie ein Strudeltaig; nachdem walche ihn fein aus, stich ihn aus, und zu ein Krapfel 4 Blateln; nur 3 Blateln werden mit Eyerklar und in das lezte ein Grübel gemacht und schön in Schmalz herausgebacken; nachdem gieb in das Grübel ein Bröckel Eingesottenes, besäe es mit Zucker; so sind sie fertig.

Das Erdäpfel-Kompot

Nimm ein Vierting Butter, treib ihn pflaumig ab; dann schlag 6 Eyer daran, eines nach dem andern gut verrührt; 12 gesotten und geriebene Erdäpfel rühr unter den Butter, schmier das Beck mit Butter, fülls hinein; sied ihn in Dunst solang, bis er zusamgesotten ist; hernach nimm eine zinnerne Schüssel, schmiers mit Butter, schneids in Stükkeln, leg 2 Stückeln darauf, besäe es mit Schuncken, leg wieder …

… 2 Stückel überzwerg darauf und so machs fort, bis du keine Stückel mehr hast. Hernach gieb Milchram oben darauf, besäe es mit Semmelbröseln, gieb ein Reif herum, unt und oben Glut; back sie so, daß sie eine Farb bekommen.

Die Schunken zum Streuen muß ein Pfund gesotten und fein geschnitten seyn; so ist sie fertig.

Pasteten-Kipfel mit Fischfasch

Nimm auf das Bret 12 Loth Mehl und 6 Loth Butter, rebels ein wenig ab; hernach streichs fein ab mit 2 Dötter und ein paar Löffel voll Milchram; salzen und zusammen machen; nach diesen fein auswalchen; aus dem Radel dreyeckigte Fleckeln, fülls mit Fasch, rolls zusammen und schmiers mit Eyerklar, legs auf das Blatel, backs in Ofen schön gelblicht; so sind sie fertig.

Der Fasch wird gemacht von ein Stückel heiß abgesottenen Fisch, ein gebackenes Ey dazu, klein zusamgeschnitten; in ein Reindel ein Bröckel Schmalz geben und zerschleichen lassen, auch ein Handel voll feine Bröseln hinein und ein …

2 Stückel über zwerg darauf und so mach fort bis du keine Stückel mehr hast, hernach gieb Milchram oben darauf, bestreue mit Semmelbröseln, gieb ein Reindl hinein, unt und oben Glut, back sie so daß sie einen Farb bekommen.

Die Schunken zum Farciren muß ein Stund gesotten und klein geschnitten seyn, so ist sie fertig.

3 Gesottene Zipfel mit Fischfasch.

Nimm auf das Brett 12 Loth Mehl und 6 Loth Butter, arbeit ein wenig ab, hernach treibs ihn ab mit 2 Dotter und ein paar Löffelvoll Milchram, salzen und zuckern, einen machen, nach diesem fein auswalchen mit dem Radl dreyeckigte Blatteln, fülle es mit Fasch voller zusammen und schmiere es mit Eyerklar, legs auf das Blattel, back in Ofen schön gelblicht, so sind sie fertig.

Der Fasch wird gemacht von ein Stückel frisch abgesottenen Fisch, ein gebackenes Ey dazu klein zusammen geschnitten, in ein Reindel ein bröckel Schmalz geben und zerschleichen lassen, auch ein Händel voll kleine bröseln hinein und ein

wenig röstenlassen, dann unter den Teig mischen und die Zipfel füllen.

Butternudeln.

Nimm ein halb Pfund Mehl gut gewogen auf das Brett und 4 Löffel voll Germ, 4 Löffel voll Milchram und 4 Eyerdotter, salzen und alles gut untereinander abgearbeitet wie ein Brandelteig, nachdem walche ihn klein Finger auf, nudel Strick, tunk ihn in ein Vierting zerschleichenen Butter ein, rolle zusammen, leg sie in Rein und laß gehen, nachdem gieb unten und oben Glut und wenn sie ein wenig aufgezogen sind, so gieb ein halb Seidel siedenden Milchram darauf, back ganz aus, so sind sie fertig.

3 Die gestürzte Reisspeiß.

Nimm ein halb Pfund Reis, überstossen und blanchiren in einer Maß Milch, sieden lassen recht schön dick, treib ihn ab mit ein Vierting Butter, 6 ganze Eyer und 6 Dotter, eins nach dem andern recht gut verrührt, zucker wol

… wenig rösten lassen, dann unter den Fisch mischen und die Kipfel füllen.

Butternudeln

Nimm ein halb Pfund Mehl, gut gewogen, auf das Bret und 4 Löffel voll Gerben, 4 Löffel voll Milchram und 4 Eyerdötter, salzen und alles gut untereinander abgewirrt wie ein Strudeltaig; nachdem walche ihn kleinfingerdick aus, radel Streif, tunk ihn in ein Vierting zerschlichenen Butter ein, rolls zusammen, legs in Rein und laß gehen; nachdem gieb unt und oben Glut und, wenn sie ein wenig ausgezogen sind, so gieb ein halb Seidel siedende Milch darauf, backs ganz aus; so sind sie fertig.

Die gestürzte Reis-Speiß

Nimm ein halb Pfund Reis, überstossen und blanschiren in einer Maß Milch, sieden lassen, recht schön dick, treib ihn ab mit ein Vierting Butter, 6 ganze Eyer und 6 Dötter, eins nach dem andern recht gut verrührt; zuckers, was …

… recht ist, gieb um 6 Kreuzer Fanilli dazu; nachdem schmier das Beck mit Butter und fülls ein, eine Leg Reis, eine Leg Schmankerl, backs in Ofen; so ist sie fertig.

Die Schmankerl werden gemacht von einen Kindskoch, zu welchen ein Seitel Obers genohmen wird; und das Koch davon gut auskochen lassen; nimm auf der Fritada Pfann ein Bißel Schmalz, laß heiß werden und gieb ein paar Löffel voll Koch darauf, und back auf der Glut schöne Fleckeln daraus.

Schunkenfleckerl

Mach von 2 Eyern einen Nudelteig, salze ihn ein wenig, mach ihn fest an, walche ihn schön dünn aus, radel Fleckerl daraus, sied sie in einer halben Obers, gieb ein Stückel Butter darein, laß auskühlen. Nach dem rühr ein halb Pfund feingeschnittenen Schunken darunter, schmier ein Reindel mit Butter, gieb die Schunkenfleckerl hinein; schütt nach dem ein halbes Seitel Obers, mit 2 Döttern gesprüdelt, darüber; auf der Höh streu feine Brösel und ein wenig Butter, sodann back sie schön aus.

weich ist, gieb um 6 xr Vanilli dazu
nachdem schmiere das Bek mit Butter
und fülle es ein, einen Lag Reis, einen Lag
Schmankerl, backe es schön rösch fertig.

Die Schmankerl werden gemacht von
einem Mundkoch zu welchem ein Viertl
Obers genohmen wird und das Koch davon
gut ausbacken lassen, nimm dann den
breiten Pfanne ein Viertl Schmalz, lass
heiß werden, und gieb ein paar Löffel
voll Koch daran, und back es auf dem
Blech schöne Flekerln daraus.

3 Schmankerlflekerl

Mache von 2 Eyern einen Nudltaig, schlage
ihn ein wenig, mache ihn fest an,
welche ihn schön dünn aus, radle Flekerl
daraus, siede sie in einer halben Maß
gieb ein Vierdl Butter darein, lass
auskühlen, nachdem rühre ein halb Vierdl
fein geschnittenen Schmankerl darunter, schmiere ein Reindl mit Butter,
gieb die Schmankerlflekerl hinein,
gießt nachdem ein halbes Viertel Obers
mit 2 Dottern gesprudelt darüber,
und gieb Zucker, ein Brösel und
ein wenig Butter, sodann back sie
schön braun.

Der Zwetschken Kuchen: 3

Nimm ein halb Pfund Butter oder
Schmalz, treib es pflaumig ab, gieß
ein halb Viertel Milch darunter,
schlag 4 ganze Eyer und 3 Dötter eins
nach dem andern daran gut verrührt,
gieb 3 Löffel voll Gerben darunter
und mischt gar ein Pfund Mehl, es
muß ein halben Vierting weniger
seyn, schlag es gut ab bis es vom
Löffel fällt, laß gehen, nachdem
schneid den Taig in Stückeln, mach
einen Füll mit frischen Zwetschken, Zucker hin, gieb ein wenig Lemoni Schäler darunter, füll's in Taig
ein, schmier's mit Eyerklar, bestreu
es mit Zucker, legs auf das Blatel
und backs schön in Ofen.

3 Die aufgedünsten Grießnudeln:

Nimm einen halben Grieß auf das Brett,
und mach ihn zusammen mit 4 ganzen Eyern, salz ihn, walch ihn aus,
schneid die Nudel davon und dünst sie
in 3 halben Milchraum, so sind sie
fertig.

Der Zwetschken-Kuchen

Nimm ein halb Pfund Butter oder Schmalz, treib es pflaumig ab, rühr ein halb Seitel Milch darunter; schlag 4 ganze Eyer und 3 Dötter, eins nach dem andern daran gut verrührt; gieb 3 Löffel voll Gerben darunter und nicht gar ein Pfund Mehl, es muß ein halber Vierting weniger seyn; schlag es gut ab, bis er vom Löffel fällt; laß gehen, nach dem schneid den Taig in Stückeln, mach eine Füll mit frischen Zwetschken, zuckre sie, gieb ein wenig Lemoni-Schälerl darunter, fülls in Taig ein, schmiers mit Eyerklar, besäe es mit Zucker, legs auf das Blatel und backs schön in Öfen.

Die ausgedünsten Gries-Nudel

Nimm eine halbe Gries auf das Bret und mach ihn zusamen mit 4 ganzen Eyern, salze ihn, walch ihn aus, schneid Nudel davon und dünst sie in 3 halbe Milch aus; so sind sie fertig.

Butter-Pasteten mit Hahnenkamm

Nim ein Vierting Mehl, ein Vierting Butter, rebels ein wenig ab; dann nimm 4 Eyerdötter, ein paar Gugen-Wasser, salz es; streich ihn fein mit dem Wasser ab, bis er Blattern macht; walche ihn aus, stich runde Krapfel, Bisgotten und Rosenkrapfel; schmiers mit Eyerklar und backs schön; gieb das Eingemachte auf die Schüssel, ziers mit die Krapfeln; so ist die Speiß fertig.

Den Doktor-Schmarren

Nimm 4 große Kochlöffel voll Mehl in ein Häferl und rührs mit ein großen Seitel Milch ab; nach dem schlag 6 ganze Eyer daran, sprüdels gut ab, salze ihn, stelle eine Rein mit 3 Loth Schmalz auf die Glut und laß heiß werden; gieb den Teig hinein, leg oben und unten Glut auf und laß ihn schön ausziehen; so ist er fertig. Du kanst ihn in Stückeln auf die Tafel geben oder ganz lassen.

Butterpasteten mit Schwammen.

Nim eine Vierting Mehl, ein Vierting Butter, arbeit ein wenig ab, dann ein 4 Eyerdotter, ein paar Loffel Rahm, Salz, streich es hin mit dem Messer ab bis er Blattern macht, welche ihr mit, stich runde Deckel, Bödelen und Rosendeckel, schmier mit Eyerklar und backs schön, gib die eingemachte auf die Schüßel, zueck mit die Deckeln, so ist die Speiß fertig.

Zum Butter Schmarren. 3

Nim 4 großen Kochlöffel voll Mehl, in ein Weidling, und rühr es mit ein großen Seitel Milchrahm, nach dem schlag 6 ganze Eyer darein, gerührt gut ab, gesalzen, stelle eine Rein mit 3 Loth Schmalz auf die Glut und lass heiß werden, gib den Teig hinein, leg oben und unten Glut auf und lass ihn schön aufziehen, so ist er fertig, du kanst ihn in Stückeln auf die Tafel geben oder ganz lassen.

Die Schlickkrapfen. 3

Nim ein halb Pfund Mehl und 4 guten
Loth Butter und treib's ein wenig ab,
nachdem nim 3 Eyerdotter, Salz,
und nim soviel Rahm daß's recht ist,
nach alles gut untereinander ab-
treiben bis es Blattern macht,
nach diesem walch ihn aus, mach
ein kleines Gehack, füll es damit,
radle es aus und back in Schmalz.

Das Gehack mach von ein Viertel kälbernen Bratl klein geschnitten, in ein Reindel ein Bröckel
Butter, Semmelbröseln, Weinbeerl
und das Fleisch dazu, lasse es ein
wenig auf der Glut rösten lass-
en, du kannst auch wenn du willst
mit einem eingesottenen füllen
und aus dem Schmalz backen.

Weinbeer Kuchen auf ein Vierting.

Man nimmt ein Vierting Butter, treibt
ihn pflaumig ab, dann giebt man
ein Vierting gestossenen Zucker
darein, wenn er pflaumig ist ein Vierting gestossenen Mandeln dazu, nachdem 16 Eyerdotter, eins nach dem

Die Schlickkrapfel mit Hasche

Nimm ein halb Pfund Mehl und 4 gute Loth Butter und streichs ein wenig ab; nach dem nimm 3 Eyerdötter; salze und nimm soviel Ram, daß es nezt; auch alles gut untereinander abstreichen, bis es Blattern macht; nach diesen walche ihn aus, mach ein kleines Gehack, fülls damit, radels aus und backs in Schmalz.

Das Gehack mach von ein Stückel kälbernen Brätel, klein geschnitten; in ein Reindel ein Bröckel Butter, Semelbrösel, Weinberl und das Fleisch dazu; hernach ein wenig auf der Glut rösten lassen. Du kannst auch, wenn du willst, mit einen Eingesottnen füllen und aus dem Schmalz backen.

Weinbeer-Kuchen auf ein Vierting

Man nimmt ein Vierting Butter, treibt ihn pflaumig ab, dann giebt man ein Vierting gestoßenen Zucker darein; wenn er verrührt ist, ein Vierting gestoßne Mandeln dazu, nachdem 10 Eyerdötter, eins nach dem ...

… andern gut verrühren, nach diesen geschnittene Lemoni-Schälerl und Pomeranzen-Schälerl, auch etwas gestoßenes Gewürz; dieß gegen eine Stunde rühren; auf die lezt zwei Händvoll Kipfel-Brösel dazu; von den Eyern die Klar zu dem Schnee schlagen, aber nicht allen auf die lezt darunter rühren, aber ganz leicht; dann eine Handvoll schwarze Weinbeer abröbeln, darunter rühren; diese müssen aber eher ausgewaschen und auf das Haarsieb gegeben werden, damit sie abseigen; nachdem nimt man das Tortenblatel, schmiert es gut mit Butter, groliren mit Semmelbröseln, den Kuchen hineinfüllen und so in Ofen in keine große Hitz stellen.

Die Schlafrock-Aepfel

Nimm 1 1/2 Vierting Mehl auf ein Bret, 1 1/2 Vierting Butter, Salz und rebels ein wenig ab, nachdem streiche 2 Dötter und etwas Wasser dazu, mach ihn zusamen; dann walche ihn aus und radel 4eckigte Fleckel; nachdem schäle Äpfel, hölsch aus, fülls mit Eingesottenen und giebs auf die Fleckel, leg die …

n andern gut kennen, nach diesen geschnittenen Lemoni Schäleln und Pomeranzen Schäleln, auch etwas gestossene
Schwarz, dieß gegen eine Stunde rühren,
auf die letzt 2 Händvoll Semel Brösel dazu, von den Eyern die Klar zu
dem Schnee geschlagen, aber nicht allein
auch die letzt darunter rühren, aber
ganz leicht, dann ein Händvoll schwarze
Weinbeeren abrebeln, darunter rühren,
diese müssen aber schon ausgewaschen
und auf das Tuch sind gegeben worden,
damit sie abseigen, nachdem nimt man
die Tortenblatel, schmiert es gut mit
Butter, gerelirt mit Semelbröseln
den Teig hinein füllen und so in
Ofen bei keiner grossen Hitz stellen.

Die Schlafrock Nudel: 3

Nim 1/2 Vierting Mehl auf ein Bret,
1/2 Vierting Butter, Salz und arbeite
ein wenig ab, nachdem streiche 2 Dotter und etwas Wasser dazu, mache ihn
zusammen, dann walche ihn aus und
radel 4 eckigte Fleckel, nachdem gefülte
Äpfel, so geschnit, füllt mit eingesottnen und gibt auf die Fleckel, leg die

4 Eyl zusammen, schmiers mit Eyer-klar, bestreue es mit Zucker, legs auf das Bletel und backs im Ofen schön, so sind sie fertig.

Den Reisbund mit Schunken.

Beschmiere ein Bund mit Butter, legs mit dünn blatleten Speck aus, bestreue es mit klein geschnittenen Schunken, sied einen Vierling Reis in einer halben Milch, treib ihn mit 4 Loth Butter schön pflaumig ab, schlag 4 ganze Eyer daran, salz ihn und etliche Blateln geschnittene Kartoffeln überdünst dazu, mach ein gutes Ragu, füll die Hälfte Reis in das Bund in der Mitte das gute Ragu, deck es wieder mit der Hälfte Reis zu, sieds in Dunst, stürz es heraus so ist es fertig.

Den Kappaunen Schmarren.

Nim einen halben Kappaun gebraten, oder eine grosse Hendl, schnei-

… 4 Eck zusamen, schmiers mit Eyerklar, besäe es mit Zucker, legs auf das Blatel und backs im Ofen schön; so sind sie fertig.

Den Reisbund mit Schunken

Beschmier ein Beck mit Butter, legs mit dünnblatleten Speck aus, besäe es mit feingeschnittenen Schunken, sied einen Vierting Reis in einer halben Milch, treib ihn mit 4 Loth Butter schön pflaumig ab, schlag 4 ganze Eyer daran, salze ihn und etliche Blateln geschnittene Artoffeln überdünst dazu; mach ein gutes Ragu, füll die Hälfte Reis in das Beck, in der Mitte das gute Ragu, decks wieder mit der Hälfte Reis zu, sieds in Dunst, stürze es heraus; so ist es fertig.

Den Kappauner-Schmarren

Nimm einen halben Kappaun, gebraten, oder ein großes Hendl, schnei- …

… de das Fleisch klein zusammen, mach ein recht gutes Peschamel, treibs mit einen Vierting Butter ab; mach ein gutes Eingerührtes von 4 Eyern; nimm 3 kleine in der Milch gelinde Semeln darunter, giebs unter das Peschamel, das Kappauner Fleisch auch darunter, auch klein geschnittene Schambian, Salz, schlage 7 ganze Eyer daran, laß ein Stükkel Butter in einen Reindel zerschleichen; das Abgetriebene hinein, laß ihn ausdünsten wie einen andern Schmarren; so ist er fertig.

Back schöne Schmarkeln wie zum Schmarkel-Koch, rolls wie die Starnitzeln, fülls mit Schnepfen-Palmi und besteck den Schmarren damit.

Die glasirten kälbernen Bris

Nimm 4 schöne kälberne Bris, blanschire sie gut, löse sie aus; hernach schneide schön übersottene Hahnenkamp und ein roth übersottene Schunken streiflicht, spicke die Bris damit recht kraus; nach dem lege sie in eine gute Goler, dann giebs auf eine Schüssel, glasire sie mit einer schönen Klaß und giebs auf die Tafel.

de das Fleisch klein zusammen, mach ein recht gutes Krebsschmalz, treibs mit einem Viertung Butter ab, mach ein gutes eingeweichtes von 4 Kipfeln, ein 3 Kreuzer in der Milch geweichte Semmeln darunter, gibs unter das Krebsschmalz, das zugerichtete Fleisch auch darunter, auch klein geschnittene Schwammerln, salz, schlage 7 ganze Eyer daran, laß ein Stückel Butter in einem Reindel zergehen, das abgetriebene hinein, laß ihn ausdünsten wie einen andern Schmarren, so ist er fertig. Back schön Schmarkerln wie zum Schmarkerl Koch, rolls wie die Kreutzerln, füll mit schwarzen Salse und bestreu den Schmarren damit.

Die glasirten kälbernen Brüs. 3

Nimm 4 schöne kälberne Brüs, blanchire sie gut, löse sie aus, hernach schneide schönen übersottenen Speck und einen noch übersottenen Schinken stücklicht, spicke die Brüs damit recht kraus, nachdem lege sie in einen guten Kohlen, dann gibs auf einen Schüssel, glasire sie mit einer schönen Glas und gibs auf die Tafel.

Ein Ragout Lämmerndl.

Nim 3 lämmerne Vörderln, schneide die Lämmerndl herunter, schabe die Beindl sauber ab, salze sie ein, überdünste sie in Butter, nach diesen mach ein gutes klein gewürfeltes Ragu, schneide große Oblat auf 4 Theil, streiche sie in Blechen ein, streue Ragu darauf, lege das Lämmerndl darauf, gieb wieder Ragu darauf und deck mit Oblat zu, formier wieder Lämmerndln, das eingepackte muß heraus bleiben, bachs in Eyer und Bröseln, bachs aus dem Schmalz so sind sie fertig.

Hendeln mit Schunken gefüllt.

Nim ein Stückel Speck, schneid ihn schön klein, nim ihn in ein Weidling, treib ihn schön pflaumig ab, schlage 3 ganze Eyer darein, nime ein Vierting gesottenen Schunken, die Schwarten davon, nim es auf ein Schneidbrett, schneid es recht klein, ein Stückel geweichte Semmel,

Die Ragout-Karmenadel

Nimm 3 lämerne Körndeln, schneide die Karmenadel herunter, schabe die Beindel sauber ab, salze sie ein, überdünste sie in Butter; nach diesen mach ein gutes kleingewürfeltes Ragu, schneide große Oblat auf 4 Theil, feuchte sie in Wasser ein, streue Ragu darauf, lege das Karmenadel darauf, gieb wieder Ragu darauf und decks mit Oblat zu; formire wieder Karmenadeln, das Rippelte muß heraus bleiben, banirs in Eyer und Brösel, backs aus dem Schmalz; so sind sie fertig.

Hendeln, mit Schunken gefüllt

Nimm ein Stückel Speck, schneid ihn schön fein, nimm ihn in ein Weidling, treib ihn schön pflaumig ab, schlage 3 ganze Eyer darein, nimm ein Vierting gesottene Schunken, die Schwarten davon, nimm es auf ein Schneidbrett, schneid es recht fein, ein Stückel geweichte Semel- …

... schmollen dazu, hernach rühre es unter den abgetriebenen Speck, fülle die Hendel damit. Diesen Fasch darf man nicht salzen, sprüdle es sauber, brat es schön in Saft; so sind sie fertig.

Rebhüner in einer guten Soß

Belege eine Rein mit Speck und Kalbfleisch, gelbe Ruben, Petersill Würzeln und Zwiebeln, Schunken, alles blattlet geschnitten; dann gieb die Magerl, Leber und Flügel von die Rebhüner hinein, lege die Rebhüner ganzer darauf, laß sie schön langsam dünsten mit etwas brauner Suppen, Wein und Essig daran; wann sie weich sind, so leg die Rebhüner heraus, seige die Soß davon, das Übrige bestaub mit Mehl, laß gut braun werden, seige die abgesottne Soß wieder daran, passirs durch ein Sieb, lege die Rebhüner darein; mach die Soß so dünn, als du willst, und so sauer; laß sie aufsieden; so sind sie ganz fertig und giebs so auf die Tafel.

geschnitten dazu, hernach nehme es unter
den abgetriebenen Teig, fülle die
Hendl damit, diesen Teig darf man
nicht salzen, spändeln es zusammen,
brate es schön in Butter, so sind sie fertig.

3 Rebhüner in einer guten Soß.

Belege einen Rein mit Speck und Kalbfleisch, gelbe Rüben, Petersill Wur-
zeln und Zwiebeln, Schunken, alles
blattlet geschnitten, dan gieb die
Magen, Leber und Flügel von die
Rebhüner hinein, lege die Rebhüner
ganzer darauf, lasse sie schön langsam
dünsten mit etwas brauner Suppen,
Wein und Essig daran, wann sie
weich sind, so lege die Rebhüner heraus,
seihe die Soß davon, das übrige bestaube
mit Mehl, lasse gut braun werden,
seihe die abgesotten Soß wieder daran,
passire durch ein Sieb, lege die Rebhüner darein, mach die Soß so dünn
als du willst und so sauer, lasse sie
aufsieden, so sind sie ganz fertig
und giebe es auf die Tafel.

No 3 Nonnenkrapferln:

Nimm anderthalb Viertung Mehl und ein Viertung Butter abgetrieben, nachdem 3 ganze Dotter, salze es, und soviel Milchram das es engt, treib al-les solang als bis es Blattern macht, nachdem schlag ihn zusammen, theil ihn in 2 Theil und walch ihn aus, thu das Blech beschmieren, glätte es aus mit dem größeren Theil, schlag ein was du willst, mach von dem andern Taig einen Deckel und back ihn schön.

Ein faschirter Kittel..

Treib 4 Loth Butter pflaumig ab, dazu einen abgeriebenen gebrühten Zweyer Semmel, treib unter den Butter ein Viertel gebratenes, 2 Kapauner oder Hendelleber, 3 Scham-pion, Zwiebel, Petersill, hernach schneid alles klein zusammen, schlag 5 ganze Eyer daran, salze es, ein wenig Muscatblüh, nachdem schmier das Blech mit Butter, beleg es mit Petersil-Kräutel oder Kotzelkraut

Saure Pasteten

Nimm anderthalb Vierting Mehl, mit ein Vierting Butter abgetrieben; nach dem 3 ganze Dötter, salze es; und soviel Milchram, das es nezt; treib alles solang ab, bis es Blattern macht; nachdem schlag ihn zusammen, theil ihn in 2 Theil und walch in aus; thu das Beck baniren, füttre es aus mit dem größern Theil; schlag ein, was du wilst; mach von dem andern Taig einen Deckel und back sie schön.

Ein faschirtes Eiterl

Treib 4 Loth Butter pflaumig ab, dazu eine abgeriebene geweichte Zweyer-Semel, treib unter den Butter ein Stückel Gebratenes, zwei Kappauner oder Hendelleber, 3 Schambian, Zwiebel, Petersill; hernach schneid alles fein zusammen, schlag 5 ganze Eyer daran, salz es, ein wenig Muscatblüh; nach dem schmier das Beck mit Butter, beleg es mit Petersill-Herzel oder Porzelainkraut …

... fülls ein und sied es in Dunst, bis es zusamgegangen ist; giebs in die Schüssel und schütt die Suppen darauf; so ist sie fertig.

Den spanischen Bund mit Holippen

Nimm um 2 Kreuzer Semeln, reibe die Rinden ab und schnittle die Schmollen recht fein, giebs in ein Reindel und schütte ein großes Seitel rothen Ofner Wein darauf, linde sie auf der Glut recht fein ab; nachdem gieb 6 Loth Butter darein, treib ihn recht pflaumig ab, laß ein wenig auskühlen; dann gieb 6 Loth feingestossenen Zucker, etwas kleingeschnittene Lemoni-Schäller, Gewürz-Nägerl und Zimmet und 3 Löffel voll Jmbeersalzen darein; schlag 6 ganze Eyer, eines nach dem andern, hinein, jedes gut verrührt; beschmier ein Beck mit Butter und gieb das Gerührte hinein, siede es längstens eine Stund in Dunst; nachdem stürze es heraus auf einen Teller, bestek ihn mit 20 kleinen Holippen, daß er ...

stelle sie und siede es im Dunst bis es
zusamm gegangen ist, giebe sie in die Schüssel und schütt die Suppen darauf, so ist
sie fertig.

3. Den spanischen Bund mit Polippen.

Nimm um 2 Xr. Semmeln, reibe die Rinden
ab und schneidtle die Schmollen recht
klein, giebe sie in ein Weindl und
schütte ein grosses Seitel rothen Sche-
ner Wein darauf, linde sie auf
der Glut recht klein ab, nachdem
gieb 6 Loth Butter darein, treibe sie
recht pflaumig ab, lasse sie wenig auskühlen, dann gieb 6 Loth schön gestossenen Zucker, etwas klein geschnittene
Lemoni Schällen, Gewürz Nägerl
und Zimmet und 3 Löffel voll Zibeben-
salzen darein, schlag 6 ganze Eyer
darein, nachdem rühre es schön, und
gut abgerührt, beschmiere eine Schüssel
mit Butter und gieb das gemischte
hinein, siede es langsam eine
Stund in Dunst, nachdem stürze es
heraus auf einen Teller, besteck
ihn mit 20 kleinen Polippen, dasse

70.) recht gebraucht wird, hernach gieb in
das Teller einen Soß, nimm ein halbes
Viertel Lebzelter Stein in ein Reindel,
gieb 2 Löffel voll Himbeersalsen, etwas Zimmet und Gewürznegeln,
auf 3 Loth Zucker hinein, laß es
aufsieden und gieb es an den
spanischen Wind, so ist er fertig.

Gebachene Eyer. 3

Siede 7 Eyer, zerschneide sie in 2 Theil,
stoß den Dotter, laß einen Zweyer
Semmel weich werden, stoß sie auch dazu, treibe ein Loth Schmalz ab, gieb
es die Eyer und die Semmel, nimm
auch dazu ein paar Sardellen, ein
Schippel Petersill, alles klein zusammen schneiden und salzen, schlag
ein ganzes Eydottern, mach alles
unter einander ab, fülle die Schalen und druck sie mit Oblat zu,
mach Semmelbröseln, schlag ein Ey auf
und panire, backe hernach in Schmalz
gieb die übergebliebene Fülle in
ein Reindel, 4 Löffel Milchraum dazu, stelle es auf eine Gluet und

… recht gekraußt wird, hernach gieb um das Teller eine Soß, nimm ein halbes Seitel Ofner Wein in ein Reindel, gieb 2 Löffel voll Jmbersalzen, etwas Zimmet und Gewürznageln, auch 3 Loth Zucker hinein, laß es aufsieden und giebs um den spanischen Bund; so ist er fertig.

Gebackne Eyer

Siede 7 Eyer, zerschneide sie in 2 Theil, stoß den Dotter, lasse eine Zweyer-Semel weich werden, stoß sie auch dazu, treibe ein Loth Schmalz ab, giebs an die Eyer und die Semel, nimm auch dazu ein paar Sardellen, ein Schippel Petersill, alles klein zusammen schneiden und salzen; schlag ein ganzes Ey daran, rühr alles untereinander ab, fülle die Schalen und deck sie mit Oblat zu, reib Semmelbrösel, schlag ein Ey auf und banirs, backs hernach in Schmalz, gieb die übergebliebene Füll in ein Reindel, 4 Löffel Milchram dazu, stell es auf eine Glut und …

… rühr es solang, bis es dünn ist; nach dem schütt es auf eine Schüssel, lege die Eyer hinein; sie ist fertig.

Krebsen-Meridon

Nimm 3 Loth Krebsen-Butter, rühre ihn ab, gieb 3 abgeriebene geweichte Zweyer-Semeln dazu, 10 Krebsen Schweifeln, kälbernes Fleisch klein geschnitten und ein wenig gesalzen, 4 ganze Eyer; gieb auf die Schüssel ein Eingemachtes mit Soß, was du willst; nachdem nimm die rothe Fasch, mach einen Deckel oben darauf und gleich in Ofen stellen, daß er eine Farb bekomt; so ist er fertig.

Einen aufgeschnittenen Weichsel-Kuchen

Nimm 4 Loth Butter, treib ihn pflaumig ab, schlag 7 Eyer auf, eins nach dem andern gut verrührt, nimm von einer Kreuzer-Semel die weißen Bröseln und rührs darunter; ein wenig geschnittene Lemoni-Schällerl, ein Teller …

rühr es schön bis es dünn ist, nachdem schütt es auf eine Schüssel, lege die Eyer hinein, so ist fertig.

Krebsen Meridon.

Nimm 3 Loth Krebsen butter, rühre ihn ab, gieb 3 abgeriebene geweichte Semmeln dazu, 10 Krebsen Schweifeln, Kälbernes Fleisch klein geschnitten und ein wenig gesalzen, 4 ganze Eyer, gieb auch die Schüssel ein eingemachtes mit Soß, was du willst, nachdem nimm die rothe Gasch, mach einen Deckel oben darauf und gleich in Ofen stellen daß er eine Farb bekomt, so ist er fertig.

Einen aufgeschnittenen Weichsel Kuchen

Nimm 4 Loth butter, treib ihn pflaumig ab, schlag 7 Eyer auf, eins nach dem andern gut darunter, nimm von einem Kreuzer Semmel die weissen Bröseln und rühr es darunter, ein wenig geschnittene Lemoni Schällerl, ein Zettel

voll Weinbeeren unter den Taig vermischt,
nachdem nimm eine Reindl schmier es
gut mit Butter, gieb den Taig hinein, unt und oben Glut darauf, lass
es eine Stund backen, nachdiesem
nimm einen Schüssel, bestreue sie
mit Zucker, zerschneid in Stückel,
lege 2 Stückel nach der Länge, bestreue es mit Zucker, 2 nach
Zwerg, bestreue es eben so, und
so fort bis du nichts mehr hast.

Angefüllten Kohlrabi. 3

Nimm 20 Stück kleinen Kohlrabi, schäle sie
und schneide das untere weg bis nichts
mehr holzigt ist, nachdem höhl's das
obere aus und überschiede es, dann
schmiere einen zinnernen Schüssel mit
Butter und gieb ein Gehäck darauf,
füll den geschöttenen Kohlrabi
mit den Gehäck, leg ihn auf die Schüssel wie ein Berg und auf je-
den ein Bröckl Milchram und ein
bissel Butter, nach diesem leg den
Reifschneim, leg unt oben Glut
darauf, und lass ihn in Ofen.
Der Gehäck wird gemacht von guten

… voll Weichseln unter den Taig vermischt, nachdem nimm ein Reindl, schmier es gut mit Butter, gieb den Taig hinein, unt und oben Glut daran; laß es eine Stund backen, nach diesem nimm eine Schüssel, bestreue sie mit Zucker, zerschneids in Stückel, lege 2 Stückel nach der Länge, bestreu es mit Zucker, 2 nach zwerg, bestreu es eben so, und so fort, bis du nichts mehr hast.

Den gefüllten Kalrabi

Nimm 20 Stück kleine Kalrabi, schäle sie und schneid das Untere weg, bis nichts mehr holzigt ist; nachdem hölsch das Obere aus und übersiede es; dann schmier eine zinerne Schüssel mit Butter und gieb ein Fasch darauf; füll den gesottenen Kalrabi mit den Fasch, leg ihn auf die Schüssel wie ein Berg und auf ein jeden ein Bröckel Milchram und ein bissel Butter; nach diesem leg den Raif herum, leg unt und obcn Glut daran odcr scz ihn in Ofcn.

Der Fasch wird gemacht von guten …

… 4 Loth abgetriebenen Butter, und 3 geweichte Zweyer-Semel, diese wird unter dem Butter ein wenig abgetrieben; dann schlage 5 ganze Eyer daran, eines nach dem andern gut verrühren und salzen; ein wenig Pfeffer, ein halb Pfund Schunken sieden und klein zusammengeschnitten, auch darunter getrieben; dann ein halb Pfund gebratenes Kalbfleisch, kleingeschnitten und darunter getrieben, auch ein wenig kleingeschnittenen Petersill und Zwiebel auch dazu getrieben, der Kalrabi-Kern wird gesotten, klein geschnitten, darunter getrieben und dann der Fasch eingefüllt.

Gefülltes Kraut

Nim 5 Happel Kraut, hölsch es aus und siede es; wenn es gesotten hat, so drucks aus und schneids klein zusammen; sied ein halb Pfund Schunken weich, ein halb Pfund gebratenes Kalbfleisch, ein Schippel Petersill, ein halbs Happel Zwiefel, alles klein zusammengeschnitten; nachdem treib 6 Loth Butter pflaumig ab und 4 abgeriebene …

4 Loth abgetriebenen Butter und 3 geweichte zwayer Semmel, diese wird untereinander
butter ein wenig abgetrieben, dann schlage 5 ganze Eyer daran, eines nach dem
andern gib [illegible] und Salzen, ein
wenig Schnittling, ein halb Pfund Schinken [illegible] und klein zusammen geschnitten, auch darunter getrieben, dann
ein halb Pfund gebratenes Kalbfleisch,
klein geschnitten und darunter getrieben, auch ein wenig klein geschnittene Petersil und Zwiebel auch dazu
getrieben, der Kohlrabi Kern wird ge-
spalten klein geschnitten darunter
getrieben und dann der [illegible] ge-
füllt.

Gefülltes Kraut.

Nimm 5 Häuptel Kraut, höhl es aus und
siedes, wenn es gesotten hat so drucks
aus und schneide klein zusammen,
hiezu ein halb Pfund Schweinern weiß,
ein halb Pfund gebratenes Kalbfleisch, ein Schippel Petersil, ein halb
Häuptel Zwiebel, alles klein zusammen
geschnitten, nachdem treib 6 Loth
Butter pflaumig ab und 4 abgeriebene

74.) geweichten zweyer Semmeln auch 5 ganze
Eyer darunter, auch einen rühr den
Kaß darunter, fülle und dünst
sie in Butter Suppen, dann mach eine
gute Butter Soß, lass nur ein wenig
verdünsten, von ein Kappel schneid
4 Würfeln legs auf die Schüssel und
gieß die Soß darüber so ist sie fertig.

Die Kraut Rolletten. 3

Nimm ein gedünstes Kraut, lass es
auskühlen, schneid einen großen Blat
in 4 Theil, streich es ein wenig mit
Wasser ein, nachdem gieb ein Schip-
perl Kraut darauf, auch etliche klein
abgebratene Bratwürst, oder
gieb ein klein geschnittenen Schunken und rolle zusammen, bainirs
in Eyern und Bröseln, backs schön
in Schmalz, so sind sie fertig.

Hüpsche Krügel. 3

Nimm 6 zweyer Franzößl, reibs ab,
schneid von ein Franzößl 3 Würfel,
höhlts sie aus, nachdem mach Handhabel davon, setzs in Schmalz schön

… geweichte Zweyer-Semeln auch 5 ganze Eyer darunter; nach diesen rühr den Fasch darunter, fülls und dünst ihn in fetter Suppen, dann mach eine gute Butter-Soß, laß nur ein wenig verdünsten; von ein Happel schneid 4 Stückeln, legs auf die Schüssel und passir die Soß darüber, so ist sie fertig.

Die Kraut-Rolletten

Nimm ein gedünstes Kraut, laß es auskühlen, schneid eine große Oblat in 4 Theil, feuchts ein wenig mit Wasser ein; nach dem gieb ein Schippel Kraut darauf, auch etliche Blatel gebratne Bratwürst, oder gieb ein kleingeschnittene Schunken und rolls zusammen, banirs in Eyern und Bröseln, backs schön in Schmalz; so sind sie fertig.

Hasche-Krügel

Nimm 6 Zweyer-Französel, reibs ab, schneid von ein Französel 3 Stückel, hölsche sie aus; nachdem mach Handhabel davon, pfatz in Schmalz schön …

… gelblicht, den Ragu mach von gesottenen Krebsschweifeln, grünen Erbsen, Schambian, Maurachen, ein Stückel gesottenes Bris, alles gewürfelt geschnitten; dann dünst es in ein Stückel Butter ab, mach eine gute Butter-Soß, gieb das Ragu darein, laß aufsieden und füll die Krügel schön voll; dann mach eingemachte Hühner-Kamm oder ein anders Eingemachtes, und von Krügeln mach einen Kranz, wenn du es anrichst um die Schüssel herum.

Schnepfen-Salmin

Nimm 4 Schnepfen, putze sie sauber, mach sie auf und wasch sie sauber aus, salze sie ein und brate sie; dann nimm die Därme, das geputzte Magel und Leber, schneid es mit dem Messer recht klein zusammen und häutels aus, dünste es in ein Stückel Butter und ein paar Löffel voll Milchram; gieb ein wenig gestossene Nagerln, ein wenig geschnittne Lemoni-Schälerl, das Koth ab, dann schneid von die Schnepfen die 2 Bügel ganz herunter …

gebleicht, den Ragu mach von gesottenen
Briesschwämmerln, grünen Erbsen, Scher-
kirn, Maurachen, ein Beuschel gesott-
nes Leib, alles gewürfelt geschnitten,
dann dünst es in ein Stückl Butter ab,
mach einen guten Butter Soß, gieb das
Ragu darein, lass aufsieden, und füll
die Bäugel schön voll, dann mach ein
gemachte Hühner Farn oder ein anders eingemachtes, und von Bäugeln
mach einen Kranz, wenn du es anrichtest um die Schüssel herum.

Schnepfen Salmin.

Nimm 4 Schnepfen, putz sie sauber, mach
sie auf und wasch sie sauber aus,
salz sie ein und brate sie, dann
nimm die Därmer, das geputzte Magel
und Leber, schneid es mit dem Messer recht kleine zusammen und häuttels
aus, dünste es in ein Stückl Butter
und ein paar Löffel voll Milchram,
gieb ein wenig gestossene Nägerln,
ein wenig geschnitten Lemoni Schällerl, das Koch heb ab, denn schneid von
die Schnepfen die 2 Bügel ganz herunter

und die Flügerl auch, die Brustlöß von die Bein herunter, dann stoß die Beiner mit 1 Kr. geschnittenen und geschelzten Semmel zusammen, dann füll's mit einen halben Collo auf, und laß gut versieden, sodann seih es durch ein Siebl in ein Reindl, stells auch die Glut, gieb das abgedünste Koch darein, die Vögerl und die Flügerl, die Brüstel und die Köpf samt Kragen und Schnabel, säuers mit Limoni Saft und laß gut sieden, dann richt an und von die Köpf mach ein Kranzl auf die Schüssel, von die Semmeln schneid Viereckerln und röst sie in Schmalz, mach ein Kranz auf die Schüssel, so sind sie fertig.

Oder Collo man von verschiedenen Beinern, Schambien, Hendel Leber, Magerl, Hächseln, gesalzenes Fleisch, dann dünst alles in ein Reindl Butter mit Schambien und Zwiebeln schön gelblicht, dann bestaubs mit Mehl und laß wieder verdünsten, füll's mit Rindsuppen auf und laß recht gut zusammen dünsten, dann seih's.

... und die Flügel auch, die Brust löß von die Bein herunter, dann stoß die Beiner mit 1 Kreuzer geschnittenen und gepfazten Semel zusamen, dann fülls mit einer halben Gollo auf und laß gut versieden; sodann seig es durch ein Sieb in ein Reindel, stells auf die Glut, gieb das abgedünste Koth darein, die Bügel und die Flügerl, die Brüstel und die Köpf samt Kragen und Schnabel, säuers mit Lemoni-Saft und laß gut sieden; dann richts an und von die Köpf mach ein Ankel auf die Schüssel, von die Semeln schneid Piramiden und pfaz sie in Schmalz, mach ein Stern auf die Schüssel, so sind sie fertig.

Die Gollo mach von verschiedenen Beinern, Schambian, Hendel-Le-ber, Magerl, Hachseln, gesalznen Fleisch; dann dünst alles in ein Stük-kel Butter mit Schambian und Zwiebeln schön gelblicht, dann bestaubs mit Mehl und laß wieder verdünsten, fülls mit Rindsuppen auf und laß recht gut zusamendünsten, dann seigs.

Die Schunken-Pasteteln

Nimm 3 Zweyer-Semeln, reib sie ab und schneid lange Schnittel; dann sprüdel 1 Seitel Obers mit 3 ganzen Eyern, schütts über die Semmel und laß weich werden; dann sied ein halb Pfund Schunken und schneid sie klein zusammen; dann schmier ein Beck mit Butter und fütters mit mürben Taig aus; nachdem füll eine Leg geweichte Semel, eine Leg Schunken und um 3 Kreuzer gewürfeltes Mark, giebs auch legweiß darunter; das Übrige von der Semel gieb auch dazu und mach einen Deckel darauf von mürben Taig, schmiers ein wenig mit Eyerklar, dann in Ofen schön gebacken; so sind sie fertig.

Die Brand-Krapfeln

Nimm ein Vierting Wasser, ein Vierting Butter zusammen in ein Reindl, laß sieden; nach dem nimm ein Vierting Mehl darunter; rührs solang auf der Glut, bis man kein Mehl mehr riecht; nach diesem nimms von der Glut weg …

Die Schinkenpastetelen.

Nimm 3 Kreuzer Semmeln, reib sie ab und schneid lange Schnittel, dann sprudel 1 Seitel Obers mit 3 ganzen Eyern, schütte über die Semmel und laß weich werden, dann sind ein halb Pfund Schinken und schneid sie klein zusammen, dann schmiere ein Modl mit Butter und füttere mit mürben Teig aus, nachdem füll einen Lag geweichte Semmel, einen Lag Schinken und um 3 xr. gewürfeltes Mark, gieb es auch kleinweiß darunter, das übrige von der Semmel gieb auch dazu und mach einen Deckel darauf von mürben Teig, schmiere ein wenig mit Eyerklar, dann in Ofen schön gebacken, so sind sie fertig.

Die Brand Krapfeln:

Nimm ein Viertung Wasser, ein Viertung Butter zusammen in ein Reindl laß sieden, nachdem nimm ein Viertung Mehl darunter, rühr's so lang auf der Glut bis man kein Mehl mehr sieht, nach diesem nimmt von der Glut weg

und laß auskühlen, nimm 3 ganze Eyer,
6 Dotter, eins nach dem andern gut
verrühren, salzen, ein wenig klein
geschnittenen Lemoni Schälerl dazu,
verrühr's noch einmal, nachdem mach
Dengscheln auf's Bletel, drück den
Finger in Eyerklar, mach in der Mitten ein Löfferl, gieb ein eingesottenes hinein, auch von Taig einen
Deckel darüber, schmier ihn mit
Eyerklar und backen ihn mit Zucker,
stell ihn in Backofen, gieb aber
acht, daß sie nicht zu braun werden,
so sind sie fertig.

Die Schunken Glackerl:

Nimm Mehl was 2 Eyer nezt, mach
kleine Glackerl daraus, siede
sie in Wasser ab, überdünste sie in
Butter, nimm ein halb Pfund Schunken, siede ihn, schneide ihn klein
zusammen, nachdem treib 6 Loth Butter pflaumig ab, treib auch ein Viertel Milchram darunter und 4 ganze
Eyer, die Schunken gut mit darunter verrührt, nachdem schmier das

… und laß auskühlen; nimm 3 ganze Eyer, 6 Dötter, eins nach dem andern gut verrühren; salzen, ein wenig kleingeschnittene Lemoni-Schälerl dazu, verrührs noch einmal; nach dem mach Krapfeln aufs Blatel, dunk den Finger in Eyerklar, mach in der Mitten ein Löchel, gieb ein Eingesottenes hinein, mach von Taig einen Deckel darüber, schmier ihn mit Eyerklar und besäe ihn mit Zucker, stell ihn in Backofen; gieb aber acht, daß sie nicht zu braun werden; so sind sie fertig.

Die Schunken-Fleckerl

Nimm Mehl, was 2 Eyer nezt; mach feine Fleckerl daraus, siede sie in Wasser ab, überdünsts in Butter; nimm ein halb Pfund Schunken, siede ihn, schneide ihn klein zusamen; nach dem treib 6 Loth Butter pflaumig ab, treib auch ein Seitel Milchram darunter und 4 ganze Eyer, die Schunken gut mit darunter verrührt, nachdem schmier das …

… Beck mit Butter, besäe es mit Bröseln und füttre es aus mit Buttertaig, gieb eine Leg Fleckerl und eine Leg Fasch hinein, backs in Ofen, so sind sie fertig.

Der Taig wird gemacht von 4 Loth Mehl und 3 Loth Butter, auch ein Eyerdotter; salze ihn, gieb ein wenig Wasser daran, streichs fein ab, walch ihn aus; füttre das Beck aus; wenn du ein Peschmel hast, so kannst du anstatt den Milchram dasselbe nehmen.

Das Peschamel wird gemacht von Leberln, Magerln, Bratzeln, kälbernen Knochen, ein Stückel Schunken, ein paar Schambian; dünst es mit ein Stückerl Butter schön gelblicht, nach dem staubs mit 3 Löffel voll Mundmehl, laß ein wenig verdünsten, dann gieß ein groß Seitel siedendes Obers darauf, laß verdünsten, dann schlags durch ein Sieb, und eines anstatt den Ram.

Das gute Rollfleisch

Nimm 2 Pfund Ortschwanzel, schneids schnitzelweiß, nach dem klopfs, bis es recht weich wird, salze es, streich den …

Brod mit Butter, besäe es mit Bröseln und schütte es auf ein Butterteig, gieb einen Lag Einmachel und einen Lag Fisch hinein, backs im Ofen, so sind sie fertig.

Der Teig wird gemacht von 4 Loth Mehl und 3 Loth Butter auch ein Eyerdotter, salzen ihn, gieb ein wenig Obers dran, streich ihn ab, walch ihn aus, schütten das Brod auf, wenn du ein Supsaucel hast, so kanst du anstatt den Milchrahm dasselbe nehmen.

Das Supsaucel wird gemacht von Lebern, Magerln, Bratzerln, Kälbern Bröserln, ein Bischerl Schunken, ein paar Schampion, dünst es mit ein Bischerl Butter schön gelblicht, nach dem staub es mit 3 Löffel voll Mehl durch, laß ein wenig verdünsten, dann gieß ein groß Seitel Rindsuppe und Wein daran, laß verdünsten, dann schlag durch ein Sieb und nimm es anstatt den Rahm.

3 Das gute Rollfleisch.

Nimm 2 Pfund Lutzschwanzel, schneid Schnitzeln aus, nachdem klopfs bis es recht weich wird, salz es, streich den

nämlichen Fasch darauf wie zum far-
cirten Kutteln, rolle es zusammen, um-
winde es mit Spagat und richte es mit allem
ein wie ein Rindsbratl, laß es weich
dünsten, nach diesem nimm ein wenig
feine Einbrenn, rühre es fein ab, gieß es
verdünnter mit 4 Löffel voll Milchram,
dann laß es gut abdünsten, sodann
schneid die Roll in Stückeln, lege
auf die Schüssel und gieb die Soß
darauf es sind sehr artig.

Die Fasch wird gemacht von ein
Pfund fein geschabenes und ausge-
häutetes Schnitzel, mache ein eingerührtes von 2 Eyern, mische es unter
das Schnitzel, hernach schneid klein
zusammen, ein Schüppel Petersill,
eine wenig Zwiebel, ein bröckel geselchtes, auch abgedünste Schwammen,
ein bißel klein geschnittenen Lemoni Schäller, ein bröckel geschabenen Speck, auch einen ganzen Sardellen, nach diesem wann alles klein
geschnitten ist, so mische es unter
einander gut ab und schlage ein.

... nämlichen Fasch darauf wie zum faschirten Anteln, rolle zusammen, umwinds mit Spagat und richts mit allen ein wie ein Lungenbratel; laß weich dünsten, nach diesen mach ein wenig eine Einbrenn, rührs fein ab, giebs darunter mit 4 Löffel voll Milchram, dann laß es gut abdünsten; sodann schneid die Roll in Stückeln, legs auf die Schüssel und gieb die Soß darauf; so sind sie fertig.

Die Fasch wird gemacht von ein Pfund feingeschabenes und ausgehäuteltes Schnitzel; mache ein Eingerührtes von 2 Eyern, mische es unter das Schnitzel, hernach schneids klein zusamen, ein Schüpperl Petersill, ein wenig Zwiebel, ein Bröckel Geselchtes, auch abgedünste Schwamm, ein bißel kleingeschnittene Lemoni-Schäller, ein Bröckel geschabenen Speck, auch eine ganze Sardellen; nach diesen, wann alles kleingeschnitten ist, so mische es untereinander gut ab und schlags ein.

Krebs-Nudeln

Nimm ein Vierting Butter, treib ihn pflaumig ab, 2 ganze Eyer und 3 Dötter, eins nach dem andern gut verrührt, 4 Löffel Gerben, auch gut verrühren, salzen, ein halb Pfund Mehl gut abgeschlagen, bis er von Löffel fällt; nach dem mach langlichte Fleckerl, schmiers mit Krebs-Butter, thu es mit Krebsschweiferl füllen, schlags zusammen und laß gehen; laß in der Rein eine halbe Milch sieden, legs hinein, in der Höh schmiers mit Krebsbutter, ein Bröckel Schmalz darüber brennen, unt und oben Glut, laß sie schön langsam ausbacken; so sind sie fertig.

Das Eingerührte wird gemacht in einen Reindel, ein wenig Krebs-Butter, laß ihn zerschleichen und schlag 2 ganze Eyer daran, die Krebs-schweiferln kleingeschnitten darunter gerührt, ein wenig salzen, fein abgemischt, auf der Glut auskühlen lassen und in den Taig füllen; so ist es gut.

3

Krebs Nudeln.

Nimm ein Viertling Krebsbutter, treib sie schaumig ab, 2 ganze Eyer und 3 Dotter, eins nach dem andern gut hineingerührt, 4 Löffel Obers auch gut verrühren, salzen, ein halb Pfund Mehl gut abgeschlagen bis er vom Löffel fällt, nachdem mach länglichte Fleckerl, schmiere mit Krebsbutter, thue es mit Krebsschweiferl füllen, schlags zusammen und lass gesotten in der Rein eine halbe Milch sieden, legs hinein, in den Kochschüssel reib mit Krebsbutter, ein bröckel Schmalz darüber brennen, unt und oben Gluth, lass sie schön langsam ausbacken, so sind sie fertig. Das eingerührte wird gemacht in einem Reindel, ein wenig Krebsbutter, lass ihn zerfliessen und schlag 2 ganze Eyer darein, die Krebsschweiferln klein geschnitten darunter gerührt, ein wenig salzen, schön abgemischt, auf der Gluth auskühlen lassen und in den Teig füllen, so ist es gut.

Geriebene Nudel in der Milch.

Nim 6 Loth Schmalz oder Butter, lass es zerschleichen, dann nim ein Pfund Mehl in ein Weidling, ein Seitel laulichten Obers, schlag 6 Eyerdottern darunter und salz es und nachdem die Geriebene ist, nim 3 oder 4 Löfferl voll, mach das Mehl damit an, dann schlage 16 Loth Butter oder Schmalz hinein und schlag es so lang ab, bis es von Löfferl fällt, dann gieb den Teig auf das Nudelbrett, streich ihn mit dem Krapfenstecher aus, lass ihn gehen, dann gieb in eine Rein ein gross Seitel Milch, ein Viertel Butter, lass sieden, dann lege die Nudel hinein, gieb unt und oben Glut, backe recht schön langsam aus und giebt sodann auf die Tafel.

Krapfen.

Nim ein Pfund Mehl in einem Weidling, dann nim ein Seitel Obers, gieb ein Vierting Butter darein, lass ihn darin zerschleichen, nachdem [illegible] 4 ganze Eyer und 4 Dotter,

Gerben-Nudel in der Milch

Nimm 6 Loth Schmalz oder Butter, laß es zerschleichen; dann nimm ein Pfund Mehl in ein Weidling, ein Seitel laulichtes Obers, schlag 6 Eyerdötter darunter und salz es und, nachdem die Gerben ist, nimm 3 oder 4 Löffel voll, mach das Mehl damit an; dann schlage 6 Loth Butter oder Schmalz hinein und schlags solang ab, bis es von Löffel fällt; dann gieb den Taig auf das Nudelbrett, stich ihn mit dem Krapfenstecher aus, laß ihn gehen; dann gieb in eine Rain ein groß Seitel Milch, ein Stückel Butter, laß sieden, dann lege die Nudel hinein, gieb unt und oben Glut, backs recht schön langsam aus und giebs sodann auf die Tafel.

Krapfen

Nimm ein Pfund Mehl in einen Weidling, dann nimm ein Seitel Obers, gieb ein Vierting Butter darein, laß ihn darin zerschleichen, nach dem sprüdel 4 ganze Eyer und 4 Dötter, …

… salzen, 3 Löffel Gerben darein, mach das Mehl damit an, arbeite ihn gut ab, daß er vom Löffel fällt; dann leg ihn aufs Bret, stich ihn aus, fülls, laß gehen, dann backs schön in Schmalz.

Einen guten gebaizten Schlegel

Man macht eine gute Baitz und läßt den Schlegel ein oder 2 Täge darinen liegen; alsdann wird er gut gespickt und gesalzen; dann nimt man eine Rein, legt ein Stück Butter darein und belegt den Boden der Rain mit einen Stückel Speck, sodann den Schlegel hinein und laß ihn gut dünsten, daß er auf beiden Seiten braun wird; er muß aber öfters mit der Baitz begossen und umgekehrt werden; eine Stund vorher, als man ihn auf die Tafel giebt, gießt man etliche Löffel Milchram darauf; so ist er fertig.

Spanische Schnitten

Nimm um 4 Kreuzer Semeln, schneid sie grobgewürfelt, back sie gelblicht in Schmalz, …

salzen, 3 Löffel Scherben darein, mach das Mehl damit an, arbeite ihn gut ob dasser vom Löffel fällt, dann leg ihn aufs Brett, treib ihn aus, füll ausgehen, dann back schön in Schmalz.

3 Einen guten gebeizten Schlegel.

Man macht eine gute Beiz und laßt den Schlegel ein oder 2 Täg darinen liegen, alsdann wird er gut gespickt und gesalzen, dann nimmt man eine Rein, legt ein Stük Butter darein und belegt den Boden der Rein mit einem Stückel Speck, sodann den Schlegel hinein und laß ihn gut dünsten daß er auf beiden Seiten braun wird, er muß aber öfters mit der Beiz begossen und umgekehrt werden, eine Stund vorher als man ihn auf die Tafel giebt, giesst man etliche Löffel Milchram daran, so ist er fertig.

Spanische Schnitten 3

Nimm um 4 kr Semmeln, schneid sie grob gewürflet, back sie gelblicht in Schmalz,

841 siede sie in ein grossen Seitel Obers ein
der noch seyn muss, wenn sie mit Zucker
und Zimmt, lass dann aufkochen,
mach von ein grossen Seitel Obers
ein dicken Rindskoch, lass auch auskühlen, treib mit 15 Eyerdottern
schaumig ab, die Klar schlag zum
schönen Schnee und gieb ihn zuletzt hinein, mische die Semmel darunter,
dann etliche Löffeln eingesottene Weichseln, schmiere eine Schüssel mit Butter, gieb darauf
darein, stelle in Ofen und lass langsam backen.

3 Einen abgetriebenen Gugelhupf

Nimm ein halb Pfund Butter, treib
ihn pflaumig ab, gieb 6 ganze Eyer
und 6 Dottern hinein einen
nach dem andern gut verrührt, ein
halbes Seitel laulichtes Obers, 3 Löffel
voll abgewässerte Gerben, und 1/4
Mehl mische es darunter, auch ein wenig Weinbeerl, salzen, schmiere das Model
mit Butter, fülle es ein, lass schön gehen, dann bach ihn.

... sied sie in ein großen Seitel Wein, der roth sein muß, weich mit Zucker und Zimmet, laß dann auskochen, mach von ein großen Seitel Obers ein dickes Kindskoch, laß auch auskühlen, treibs mit 5 Eyerdöttern pflaumig ab, die Klar schlag zum Schnee und gieb ihn zulezt hinein, rühr die Semmel darunter; dann etliche Löffeln eingesottene Weichseln, schmier eine Schüssel mit Butter, giebs darauf, dann stells in Ofen und laß langsam backen.

Einen abgetriebenen Gugelhupf

Nimm ein halb Pfund Butter, treib ihn pflaumig ab, gieb 6 ganze Eyer und 6 Dötter hinein, eins nach dem andern gut verrührt, ein halbes Seitel laulichtes Obers, 3 Löffel voll abgewässerte Gerben und 1 Pfund Mehl, mische es darunter, auch ein wenig Weinberl, salzen; schmier das Beck mit Butter, fülle es ein, laß schön gehen; dann back ihn.

Einen guten gebaizten Schlegel

Man macht eine gute Baiz und läßt den Schlegel ein oder 2 Täg darinnen liegen; alsdann wird er gut gespickt und gesalzen; dann nimmt man eine Rein, legt ein Stück Butter darein und belegt den Boden der Rein mit Stückel Speck; sodann den Schlegel hinein und läßt ihn gut dünsten, daß er auf beiden Seiten braun wird; er muß aber öfter mit der Baiz begossen und umgekehrt werden; eine Stund vorher, als man ihn auf die Tafel giebt, gießt man etliche Löffel Milchram darauf; so ist er fertig.

Sieben-Blätter-Torten

Man nimmt 3 Vierting Mehl, 1/2 Pfund Butter, 12 Loth Zucker, 4 Loth Mandeln, 2 Eyerdötter, Lemonischäler, Gewürznageln und Zimmet, röbels unteinander ab, machs zusammen, schneide sie in die Theil, walche sie messerruckendick aus, schmir sie mit Eyerklar, besäe sie mit Zucker; back ein jeden Theil extra; wann sie gebacken sind, so fülle ein jedes Blatt mit Eingesottenen und legs aufeinander; so sind sie fertig.

Einen guten gebeizten Schlegel.

Man macht eine gute Baiz und läßt den Schlegel wieder 2 Täg darinnen liegen, alsdan wird er gut gespickt und gesalzen, dan nimt man eine Rein, legt ein Stückl Butter darein und belegt den Boden der Rein mit Zwiebelgemüß, sodan den Schlegel hinein und läßt ihn gut dünsten daß er auf beiden Seiten braun wird er muß aber öfter mit der Baiz begossen und umgekehrt werden, eine Stund vorher als man ihn auf die Tafel giebt, gießt man etliche Löffel Milchraam daran, so ist er fertig.

3

Sieben Blätter Torten

Man nimt 3 Vierting Mehl, 1/2 ℔ Butter, 12 Loth Zucker, 4 Loth Mandeln 2 Eyerdötter, Lemonischäller, Gewürznegeln und Zimet, arbeit alles untereinander ab, macht zusammen, schneidt sie in vier Theil welche sie Messerrücken dick auswalkt, schmier sie mit Eyerklar, bestreu sie mit Zucker, backt nun jeden Theil extra, wan sie gebacken sind, so füllt man jedes Blatt mit Ribiselsulzen und legt sie aufeinander so sind sie fertig.

86.) Mürben Taig zu Pasteten. 3

Nimm ein ℔ Mehl, 3 Vierting Schmalz, oder die Hälfte Butter, etwas ein weniges, dann gieb 5 Eyerdotter, ein ganzes Ey, 4 Löffel voll guten Rahm, ein halbes Seitel Wein, salzen, arbeite ihn gut ab, so daß man ihn auswalchen kann, schmiere das Blech mit Butter, leg mit dem Taig aus, gieb das gedünstete Fleisch hinein und den hernach von dem Taig einen Deckel darüber, schmiere ihn mit Eyern und back ihn schön.

Dampfnudeln. 3

Gieb 2 ℔ Mehl in einen Weidling, salze es, dann nimm eine halbe Milch, gieb ein Vierting Butter hinein, laß ihn darin zerschleichen, dann nimm in ein Häferl 4 Löffel voll abgewässerte Gerben, schlage 4 ganze und 4 Dötter hinein, dann schlag die laulichte Milch und die Gerben unter das Mehl gut ab, in der Weise des Kugelhupf Taig, schmiere die Rein, leg die

Mürbe Kastrol-Pasteten

Nimm ein Pfund Mehl, 3 Vierting Schmalz oder die Hälfte Butter, röbels ein wenig ab; dann gieb 5 Eyerdötter, ein ganzes Ey, 4 Löffel voll guten Ram, ein halbes Seitel Wein; salzen, arbeite ihn gut ab, sodaß man ihn auswalchen kann; schmier das Beck mit Butter, legs mit den Teig aus, gieb das gedünste Fleisch hinein und den Fasch, mach von den Teig einen Deckel darüber, schmier ihn mit Eyerklar und back sie schön.

Dampfnudeln

Gieb 2 Pfund Mehl in einen Weidling, salze es, dann nimm eine halbe Milch, gieb ein Vierting Butter hinein, laß ihn darin zerschleichen; dann nimm in ein Häferl 4 Löffel voll abgewässerte Gerben, sprüdle 4 ganze Eier und 4 Dötter hinein; dann schlag die laulichte Milch und die Gerben unter das Mehl gut ab in der Veste des Gugelhupfs-Taig, schmier die Rein, leg die …

... Nudeln hinein und laß gehen, gieb unt und oben Glut, schütt eine halbe siedende Milch darauf und laß ganz ausbachen.

Gefülltes Lungenbratel

Nimm 4 Lungenbratel, schneids in Stückel wie die Bafesen; dann nimm ein Stückl Lungenbratel, schneide es klein zusammen mit ein guten Theil grün Petersill, ein wenig Zwiebel, Knofel, etwas Basilikum, auch eine abgeriebenen Semel und ein wenig Lemoni Schäler; schneid ein Stückel Butter auch klein darunter und ein wenig Kuttelkraut, alles fein zusammengeschnitten; dann gieb ein ganzes Ey, ein wenig Muskatblüh darunter, salzen; dan füll die Schnitzel, gieb in die Rein etwas fette Suppen und Essig und alles Eingerichts; dann leg das Lungenbratel hinein, dünst es ab und mach eine gute Milchram-Soß darüber; so ist sie fertig.

Knödeln hinein und laß gehen, gieb
auf und oben Schmalz, schütt eine selbe
siedende Milch darauf und laß ganz
anbachen.

Gefüllter Lungenbratel.

Nim 4 Lungenbratel, schneid ein Deckel
wie zu Pastetten, dann nim ein Deckel
Lungenbratel, schneide es klein zusammen mit ein guten Theil grüner Petersill, ein wenig Zwiebel, Knofel,
etwas Basilicum, auch einer abgeriebenen Semmel und einen wenigen
Nieren Schalen, schneid ein Stückel
Lemonie auch klein darunter und
ein wenig Sardellen, alles fein
zusammen geschnitten, dann gieb ein
ganzes Ey, ein wenig Muskatblüh darunter, salze es, dann füll
die Schnitzel, gieb in die Rein etwas
Butter, Suppen und Essig und alles
Lungengeschirr, dann leg das Lungenbratel hinein, dünste es ab und mach
eine gute Milchram Soß darüber
so ist es fertig.

88.

Das Mostbratel.

Nim 8 lb gutes Lungenbratel, salz es
ein wenig ein und steck dort und
da ein Gewürznagel hinein, dan
legs in die Rein und gib ein paar
Happel spanischen Zwiebel, Limoni-
schällen und dünst es mit Schmalzen,
dan Most 3 Seitel schön abramen ein,
bestaub es mit ein wenig Mehl, lass
verdünsten, dann gib wieder etwas
Most daran bey einem Seitel, der
Most muss nachgeschüttet werden,
damit er sich nicht dünsten kann;
so ist es fertig.

Rindfleisch Eyerspeis. 3

Nim 9 hart gesottene Eyer, schneid das
weiße zu kleinen Schnittel oder reiß, dann
schmiere eine Schüssel mit Butter
und gib ein wenig Rindfleisch darauf, dann leg die geschnittenen Eyer
darauf und die Hälfte geschnittenen
Dotter, gieb das Fleisch darüber und
salzen, gieb auch in der Suppe ein wenig
Semmelbröseln und dort und da ein wenig

Das Mostbratel

Nimm 8 Pfund gutes Lungenbratel, salz es ein wenig ein und steck dort und da ein Gewürznagel hinein; dann legs in die Rein und gieb ein paar Happel spanischen Zwiebel, Lemonischäller und dünst es mit schmeckenden Most, 3 Seitel, schön braune ein, bestaubs mit ein wenig Mehl, laß verdünsten; dann gieb wieder etwas Most darauf bey einen Seitel, der Most muß nachgeschüttet werden, damit er sich eindünsten kann; so ist es fertig.

Kindskoch-Eyerspeis

Nim 9 hartgesottne Eyer, schneid das Weiße fein schnittelweiß, dann schmier eine Schüssel mit Butter und gieb ein wenig Kindskoch darauf; dann leg die geschnittenen Eyer darauf und die Hälfte geschnittene Dötter, gieb das Koch darüber und salzen, gieb auch in der Höh ein wenig Semelbrösel und dort und da ein wenig …

… Butter darauf, stells in Ofen, damit es eine Farb bekomt, oder gieb unt und oben Glut; so ist es fertig.

Das Kindskoch mach von einen guten großen Seitel Obers, laß es in der Dicke wie ein guten Ram, mische daruner 4 kleingeschnittene Sartellen und klein geschnittene Petersill, giebs unter die Speiß.

Ragou-Eyer

Nim 8 hartgesottene Eyer, nimm die Dötter heraus und stoß mit ein Kreuzer geweichter Semel, ein wenig klein geschnittene Sartellen und Petersill, Schwamerl dazu und salzen, gieb ein Bröckel Butter darunter, ein ganzes Eyer dazu; dann fülls in die Schalen, beschmier die Schüssel mit Butter, gieb etwas Ram darauf, leg die Eyer darauf; deck sie oben ganz mit Ram zu, besäe sie mit Bröseln, gieb dort und da ein wenig Butter daran und stells in Ofen. Den Ragou kann man auch von ein Stückel gebacknen Fisch …

Butter darauf, stelle in Ofen damit einen Krust bekomt, oder gieb auch nur oben Glut, so ist es fertig.

Das Kindlfleisch mach von einem guten großen Kitzl Brat, laß es in der Sulze wie ein guten Ragu, misch darunter 4 klein geschnittene Sardellen und klein geschnittenen Petersill, gieb unter die Speiß.

Ragou Eyer. 3

Nim 8 hart gesottene Eyer, nime die Dotter heraus und stoß es mit einer Eyer geweichter Semmel, ein wenig klein geschnittenen Sardellen und Petersill, Schwamerl dazu und salzen, gieb ein Vierterl [illegible] Butter darunter, nim ein ganzes Ey dazu, dann fülle in die Schallen, schmiere die Schüssel mit Butter, gieb etwas Ragu darauf, leg die Eyer darauf, deck sie oben ganz mit Ragu zu, bestreue sie mit Bröseln, gieb oben und unten wenig Butter drauf und stelle in Ofen. Zum Ragou kan man auch von ein Kitzl gebackenen Fisch

90.) klein geschnitten und in Butter abgedünst mit grünen Erbsen und
Schwammen machen.

3

Kaiser Pastetten.

Man nimt ein halb ℔ und 4 Loth Mehl dann arbeit mit einen halben ℔ Butter ab, gibt ein ganzes Ey und 2 Dötter salzen, 3 Löffel voll Rahm und 3 Löffel voll Wein, streich ihn unter einander gut ab daß er nicht zu weich ist daß du ihn walchen kanst, wenn er ausgewalchen ist, so streich Rasch auf den Boden eine Messerrucken dick, den legs das abgedünste darauf und gibt oben Deckel das Teig darüber, schmier ihn mit Eyerklar, und backs in Ofen.

Das Gehäck wird so gemacht.

Man nimmt ein ℔ Kälbernes Fleisch und dünst es mit dem was du nimmst und schneid klein zusammen mit ein paar Sardellen und von einer Ct. Chabri Limoniescheel, eine gewaschte Semmel in der Supp, dann drucks aus und schneid

… kleingeschnitten und in Butter abgedünst mit grünen Erbsen und Schwamen machen.

Saure Pasteten

Man nimt ein halb Pfund und 4 Loth Mehl, dann rebels mit ein halben Pfund Butter ab, gieb ein ganzes Ey und 2 Dötter, salzen, 3 Löffel voll Ram und 3 Löffel voll Wein; streich ihn untereinander gut ab, daß er nicht zu weich ist, daß du ihn walchen kanst; wann er ausgewalchen ist, so streiche Fasch auf den Boden nur messerrückendick, dann lege das Abgedünste darauf und gieb oben Fasch, deck den Taig darüber, schmier ihn mit Eyerklar und backs in Ofen.

Das Fasch wird so gemacht:

Man nimmt ein Pfund kälbernes Fleisch und dünst es mit dem, was du nimmst, und schneids klein zusammen mit ein paar Sartellen und von ein Kreuzer Gabri-Lemonischäller, eine geweichte Semel in der Batz, dann drucks aus und schneid …

… auch von den Abgedünsten, dann Zwiebel, Knofel, Kuttelkraut, Lorbeerblätter, schneid alles fein zusammen, misch ein Löffel voll Ram darunter, daß er nicht zu feucht ist.

Schokolade-Brod

Nimm ein halb Pfund Zucker in ein Hefen, gieb 14 Eyerdötter hinein, von 7 Eyern schlag die Klar zum Schnee, gieb ihn auch dazu, rühr das eine Stund; dann gieb 10 Loth Stärkmehl hinein, rührs untereinander, schmier Mandeln mit Butter, bestreu es mit Semelbröseln, füll sie ein und laß sie langsam backen; nims dann heraus und schneid länglichte Stückeln. Nimm 1/4 Pfund Zucker, feucht ihn mit Wasser an, reib 4 Zelteln Schokolade, gieb ihn zum Zucker, laß ihn solang sieden, bis er dick ist; streich dann die 4 Seiten damit an, giebs auf ein Blech und laß im Ofen trocknen.

auch von den abgedünsten dann
Zwiebel, Knobl, Zittelkraut, Lorbeerblätter, schneid alles klein
zusammen, misch ein Löffel voll Rahm
darunter daß es nicht zu feucht ist.

Schokolade Brod. 3

Nim ½ ℔ Zucker in ein Schüssel, gieb 14
Eyerdötter hinein, von 7 Eyer schlag den
Klar zu einem Schnee, gieb ihn auch dazu,
rühr das eine Stund, dan gieb 10 Loth
Stärkmehl hinein, misch es untereinander, schmier Modeln mit Butter, bestreu
sie mit Semmelbröseln, füll sie ein
und laß sie langsam backen, nim
dann heraus und schneid längliche
Stückeln. Nim ¼ ℔ Zucker, schmelz
ihn mit Wasser an, reib 4 Zeltel
Schokolade, gieb sie zum Zucker,
laß ihn solang sieden bis er dick
ist, streich dann die 4 Seiten damit
an, gieb es auf ein Blech und laß
im Ofen trocknen.

Gerührte Torten.

Nimm ½ ℔ Butter, treibe sie recht pflaumig ab, dann nimm 12 Loth feinen gestossenen Zucker, Mandeln, die müssen mit dem Butter recht gut verrührt werden, dann treibt man 8 Eyerdotter hinein, hernach 12 Loth Zucker, von 4 Eyern die Klar zum Schnee geschlagen und auch hinein, zuletzt ½ ℔ Mehl, es muß eine gute Stund gerührt werden und sehr langsam gebacken werden.

Gerührte Linzer Torten.

Man nimmt 3 Vierting Butter und treibt ihn pflaumig ab, dann rührt man ein halb ℔ fein gestossenen Mandeln und ein halb ℔ Zucker darunter, ein wenig gestossenen Nägerln und Zimmet auch klein geschnittenen Lemoni Schälerl und 3 Vierting Mehl, rühre das alles untereinander und fülle in das Blatel.

Gerührte Torten

Nimm 1/2 Pfund Butter, treib ihn recht pflaumig ab, dann nimm 12 Loth feingestoßenen Zucker, Mandeln, die müssen mit dem Butter recht gut verrührt werden; dann treibt man 8 Eyerdotter hinein, hernach 12 Loth Zucker, von 4 Eyern die Klar zum Schnee geschlagen und auch hinein, zulezt 1/2 Pfund Mehl; es muß eine gute Stund gerührt werden und sehr langsam gebacken werden.

Gerührte Linzer Torten

Man nimmt 3 Vierting Butter und treibt ihn pflaumig ab, dann rührt man ein halb Pfund feingestossene Mandeln und ein halb Pfund Zukker darunter, ein wenig gestossene Nägerln und Zimet, auch kleingeschnittene Lemoni-Schälerl und 3 Vierting Mehl, rühr das alles untereinander und füls in das Blatel.

Kerschen-Kuchen

Nimm 12 Loth Schmalz, treibe es pflaumig ab, nimm ein ganzes Ey und 8 Dötter, jedes gut verrührt, 1/4 Pfund gestossenen Zucker, von einer Lemoni die Schäler, treibe es eine 1/4tel Stunde gut ab, gieb 9 Loth Mehl darunter, gerührt, aber nicht abgetrieben; hernach ein Torten-Blatel geschmiert, mit Breseln bestreut, die Hälfte Taig hinein und mit Kerschen belegt, die andere Hälfte darauf und langsam bachen lassen; so ist er fertig.

Gestürztes Gerstel

Mach einen Taig an, was 2 Eyer netzen, aber sehr fest, reibe ein Gerstel daraus, koch es in 3 Seitel Obers ein; laß es verkochen, bis es dick ist; hernach stelle es von der Glut weg, rühre 6 Loth Butter daran, treib es gut ab, schlag 6 Dötter daran, eines nach dem andern wohl verrührt; schlag von den 6 Eyern die Klar zum Schnee, rühre ihn darunter; reib einen Zucker mit einen Pomeranzen ab, daß es 6 Loth austragt; gieb …

Kerschen Kuchen.

Nimm 12 Loth Schmalz, treibe es pflaumig ab, nimm ein ganzes Ey und 8 Dotter jedes gut verrührt, 4 Lt. geschnittenen Zucker von einer Lemoni die Schälen, treibe es eine ¼tel Stunde gut ab, gib 9 Loth Mehl darunter, gerührt, aber nicht übertrieben, hernach ein Torten Blatl geschmiert, mit Bröseln bestreut, die Hälfte Teig hinein und mit Kerschen belegt, die andere Hälfte darauf und langsam backen lassen, so ist es fertig.

Gestürztes Gerstel.

Mach einen Teig an von 2 Eyern etwas über geschlagt, reibe ein Gerstel daraus, koch es in 3 Viertel Obers ein, lasse es verkochen bis es dicklich, hernach stelle es von der Glut weg, rühre 6 Loth Butter daran, treib es gut ab, schlag 6 Dotter daran, einen nach dem andern wohl verrührt, schlag von den 6 Eyern die Klar zum Schnee, rühre ihn darunter, reib einen Zucker mit einer Pomeranzen ab, dass es 6 Loth ausmacht, gib

ihn darunter, rühre es einen 1/4tel Stund ab, gib halbeten Bisgotmisch hinein, misch ihn darunter, schmier ein Beck mit Butter, panir es mit Semmelbrösel aus, gieb es hinein und back es.

Weichsel Torten.

Treib ein halb ℔ Butter pflaumig ab, gib ein 1/2 ℔ fein gestossen Mandeln, 1/4 ℔ fein gestossenen Zucker, rühre es recht gut ab, schlag 6 ganze Eyer und 2 Dotter eine nach dem andern wohl verrührt, rühre es gut ab, gib 6 Loth Mehl, rühr es durcheinander, gib Weichseln hinein so viel du willst, schmier ein Tortenblatel, gib es hinein und back es.

Linzer Torten.

Treib 1 ℔ Schmalz oder Butter pflaumig ab, von 10 hart gesottenen Eyern die

… ihn darunter, rühre es eine 1/4tel Stund ab, gieb halbete Bisgoten hinein, misch sie darunter, schmier ein Beck mit Butter, banir es mit Semelbresel aus, gieb es hinein und back es.

Weichsel-Torten

Treib ein halb Pfund Butter pflaumig ab, gieb ein 1/2 Pfund feingestossene Mandeln, 1/4 Pfund feingestossenen Zucker, rühre es recht gut ab, schlag 6 ganze Eyer und 2 Dötter, eins nach dem andern wohl verrührt, rühre es gut ab, gieb 6 Loth Mehl, rühr es durcheinander, gieb Weichseln hinein, soviel du willst, schmier ein Tortenblatel, gieb es hinein und back es.

Linzer Torten

Theil 1 Pfund Schmalz oder Butter pflaumig ab, von 10 hartgesottenen Eyern die …

… Dötter, 1/2 Pfund Mandeln und 1/2 Pfund Zucker gut verrührt, von 2 Lemoni die Schälerl kleingeschnitten, giebt die Hälfte ins Blatel, gieb ein eingesottenes dazu, von der andern Hälfte mach Stangeln + hernach 1 Pfund Mehl dazu; dann back sie heraus.

Linzer Bretzel

Auf ein Tellerl Bretzel nim einen Vierting Mehl, einen Vierting Butter, ein Vierting Mandeln und einen Vierting Zucker, mache alles gut untereinander ab; staube das Bret mit Mehl, daß sich der Taig nicht anlegt; mache Bretzeln darauf, schmiere sie mit Eyern, lege sie auf ein eisenes Blattel und back sie in Backofen, bis sie schön gelb sind; dann lege sie auf ein Teller, streue Zucker darauf und gieb sie auf die Tafel.

Gestürztes Lemoni-Koch

Nimm vor 2 Personen ungefähr 4 Eß- …

Butter, ½ ℔ Mandeln und ½ ℔ Zucker
gut verrührt, von 2 Lemoni die Schälerl
klein geschnitten, gieb die Hälfte in ein
Blattl; gieb ein eingesottenes dazu,
von der andern Hälfte mach Kranzeln
+ herum; ½ ℔ Mehl dazu, dann back sie
heraus.

Linzer Bretzel.

Auf ein Kuchelbrettel nimm einen
Vierting Mehl, einen Vierting Butter,
ein Vierting Mandeln, und einen
Vierting Zucker, mach alles gut unter
einander ab, streube das Brett mit
Mehl, daß sich der Teig nicht anlegt,
mache Bretzeln daraus, schmieren sie
mit Eyern, lege sie auf ein eisernes
Blattel und back sie in Backofen bis sie
schön gelb sind, dann lege sie auf ein
Teller, streue Zucker darauf und
gieb sie auf die Tafel.

3 Gestürztes Lemoni Koch.

Nimm von 2 Lemonien ungefähr 4 [illegible]

Löfferl voll Mehl, rühre es mit Obers
gut ab, lasse es dann auf dem Feuer
unter beständigem rühren gut
verkochen, thue es hernach in ein
Weidling, lasse es ganz auskühlen,
treibe ein Viertl(?) Butter darüber
ab, dann 4 Eyerdotter und ein ganzes Ey, reibe Zucker an Limoni
schal(?) gut ab, thue so viel darunter bis
es süß genug ist, schlage von den
Klar einen Schnee, rühre ihn schön
langsam darein, damit das Koch
nicht zu naß wird, schmiere ein
Castrol mit Butter, bestreue es
mit feinen Semmelbröseln, thue
das Koch hinein, backe es im Backofen schön langsam, stürze es auf
eine Teller, bestreue es mit Zucker,
gieb es auf die Tafel.

Faschirte Knöderl.

Nimm ein ℔ Kalbfleisch, schneide es
fein, thue es in einen Mörser,
nimm um 2 xr in Milch geweichte

… löffel voll Mehl, rühre es mit Obers gut ab, lasse es dann auf dem Feuer unter beständigen Rühren gut verkochen; thue es hernach in ein Weidling, lasse es ganz auskühlen, treibe ein Stück Butter darüber ab, dan 4 Eyerdötter und ein ganzes Ey; reibe Zucker an Lemoni gut ab, thue soviel darunter, bis es süß genug ist; schlage von der Klar einen Schnee, rühre ihn schön langsam darein, damit das Koch nicht zu naß wird; schmier ein Kastrol mit Butter, bestreue es mit feinen Semmelbröseln, thue das Koch hinein, backe es in Backofen schön langsam, stürze es auf ein Teller, bestreue es mit Zucker, gieb es auf die Tafel.

Faschirte Knöderl

Nimm ein Pfund Kalbfleisch, schneide es fein, thue es in einen Mörser, nimm um 2 Kreuzer in Milch geweichte …

… abgeriebene Semel und 2 ganze Eyer und die Milch, wo geweicht wird, 1/4 Pfund Mark, Lemoni-Schällerl, Petersill und Salz; stosse alles recht fein, dann mach Gnödel, man kann auch ein Schlegerl oder Wandel davon machen; das Schlegerl muß gespickt werden.

Rindfleisch

Nimm ein schönes Rindfleisch und richte es ein mit gelben Ruben, Zwiebel, Gewürz-Nagerl und ganzen Pfeffer und laß dünsten; schütte immer etwas Wasser nach, bis weich wird; dann mach eine Einbren, leg die Feuerzange in das Feuer und laß ein Stück Zucker zwischen der glühenden Zangen hineintropfen, daß es eine Farb bekommt; Essig und Zucker nach Belieben, siede Erdäpfel, schneide sie mitten voneinander und lege sie herum.

Semmelkoch

Reib von 3 Kreuzer Semel die Rinden ab, …

abgeriebenen Semmel und 2 ganze Eyer, und der Milch so geweicht wird 1/4 lt Mark, Limoni Schölerl, Petersille und Salz, stosse alles recht fein, dann mach Knödl, man kann auch einen Schlegel oder Strudel davon machen. das Schlegel muß gespickt werden.

3 Rindfleisch.

Nim ein schönes Rindfleisch und richte es ein mit gelben Rüben, Zwiebel Gewürz, Negerl und ganzen Pfeffer und lass dünsten, schütte einmal etwas Wasser nach bis weich wird, dann mach einen Einbrenn, leg die Rinderzunge in die Einbrenn und lass ein Stückl Butter zwischen der glühenden Zangen hinein tropfen daß es eine Farb bekomt. Essig und Zucker nach Belieben, sind die Erdäpfel, schneide sie mitten von einander und lege sie herum.

3 Semelkoch.

Reib von 3 kr. Semmel die Rinden ab,

schneid es blattlet zusam, gieb es in
einen Rain, schütt ein halb Obers
darauf, laß es auf der Glut ab-
bis es dick ist, rühre es aber fein ab,
thue es von der Glut weg, rühr 6
Loth Butter darein, schlag 6 Dötter
eins nach dem andern wohl verrührt,
schlag von den Eyern die Klar zum
Schnee, rühre ihn hinein, gieb 6 Loth
klein gestossenen Zucker, ein wenig
Vanilli, rühre es eine 1/4 Stund,
einen Holzigen, gieb sie Bröckelweiß
hinein, misch sie nur durcheinander,
du kanst auch 4 Loth klein gestossene Mandeln hinein geben, aber
wan du sie hinein giebst, so gieb es
mit dem Butter hinein, schmier
ein Tail, bewirf es mit Semmelbröseln aus und gieb das Koch hinein
und back es schön langsam.

3 Gelbe Rüben

Schneide sie recht klein länglicht, oder

… schneid es blattlet zusam, gieb es in eine Rein, schütt ein halb Obers darauf, lind es auf der Glut ab, bis es dick ist; rühre es aber fein ab, thu es von der Glut weg, rühr 6 Loth Butter daran, schlag 6 Dötter, eins nach dem andern wohl verrührt, schlag von den Eyern die Klar zum Schnee, rühre ihn hinein, gieb 6 Loth fein gestossenen Zucker, ein wenig Fanilli, rühre es eine 1/4tel Stund, nimm Holipen, gieb sie stückelweiß hinein, misch sie nur durcheinander; du kanst auch 4 Loth feingestossene Mandeln hineingeben; aber wenn du sie hinein giebst, so gieb es mit dem Butter hinein; schmier ein Beck, banir es mit Semmelbröseln aus und gieb das Koch hinein und back es schön langsam.

Gelbe Ruben

Schneide sie recht fein länglicht oder …

… stich sie rund aus und thu sie in eine Rein, dünste sie fein mit fetter Suppe, alsdann brenn ein wenig Zucker darein und staube sie ein wenig mit Mehl, salzen und zuckern nach Belieben.

Hasen

Mach eine starke braune Einbren mit Zwiebel und Kuttelkraut; mit Lemoni-Saft säuern; man kann auch Ram und Kapri dazu nehmen; richte es zierlich an.

Bertram-Soß

Nimm einen Saft von gedünsten Rindfleisch, laß ihn dick einsieden, etwas klein gehackten Bertram hinein und richte es zierlich über das Fleisch an; man kann auch Lemoni-Saft dazu nehmen.

Lämmernes Eingemachtes

Dünste es mit Zwiebel und gelben Ruben mit etwas Schü, bis es weich wird; alsdann mache eine weiße Einbrenn mit Schampian, man kann auch einen Eyerdotter nehmen und mit Butter …

stich sie nach und nach und thue sie in einen
Rein, dünste sie schön mit guter Suppen
abdünsten, brenn ein wenig Zucker darein
und staube sie ein wenig mit Mehl
salzen und zuckern nach Belieben.

Hasen.

Mach einen starken braunen Einbrenn mit
Zwiebel und Kuttelkraut, mit Limoni
Saft säuern, man kann auch Rahm und
Kapri dazu nehmen, richte es zierlich an.

Bertram Soß.

Nimm einen Rest von gedünsteten Rind
fleisch, laß ihn dick einsieden, streue
klein geschnittenen Bertram hinein und
richte es zierlich über das Fleisch an,
man kann auch Limoni Saft dazu nehmen

Lämmernes eingemachtes.

Dünste es mit Zwiebel und gelben Rüben
mit etwas Suppe bis es weich wird, als
dann mach einen weißen Einbrenn
mit Schampion, man kann auch einen
[illegible] nehmen und mit Butter

100.) darein nähen, richte es über das
Lämmerne an und garnire mit Spargel oder Karfiol.

Kälbernes Schnizel 3

Richte es mit Zwiebel, gelben Ruben
Petersil und etwas Speck an, spike
das Kälberne, hacke und laß es eindünsten dick mit etwas kalter Suppen, dann richte es an.

Gedünsten Reis. 3

Reine einen Vierting Reis, thue ein
Stück Butter und ein Stück Mark
daran, salze ihn und laß ihn recht
weich dünsten, dann thue etwas Par-
mesan Käs darunter, richte ihn
auf einer Schüssel an, formire ein
Laibel daraus, mache mit dem Kochlöffel Stiel Fürchen wie einen
Stern, schneide ein Stück gesottenen
Schinken schön klein, dünste klein geschnittenen Petersill in etwas Butter
belege die Fürchen abwechselnd mit

… darein rühren, richte es über das Lämerne an und ziere es mit Spargel oder Kauli.

Kälbernes Schnizel

Richte es mit Zwiebel, gelbe Ruben, Petersil und etwas Speck ein, spicke das Kälberne, hacks und laß es eindünsten dick mit ewas fetter Suppen, dann richte es an.

Gedünsten Reis

Nimm einen Vierting Reis, thue ein Stück Butter und ein Stück Mark daran, salze ihn und laß ihn recht weich dünsten, dann thue etwas Parmesan-Käs darunter, richte ihn auf eine Schüssel an, formire ein Laiberl daraus, mache mit dem Kochlöffel-Still Furchen wie einen Stern, schneide ein Stück gesottene Schunken schön klein, dünste kleingeschnittenen Petersill in etwas Butter, belege die Fürchen abwechselnd mit …

… Schunken und Petersill, bestreue es zierlich mit Käs, gieb es warmer auf die Tafel.

Margeron-Nudel

Siede die Nudel weich, schwabe sie mit kalten Wasser gut ab, salze sie, nimm eine Leg Nudel auf ein bleyernes, mit Butter geschmiertes Schüsserl, gieß Ram darüber, etwas Käß und ein wenig Semmelbrösel, dann wieder Nudel und so fort, obenauf etwas Butter dazu; lasse sie gut au[s]sieden, gieb sie auf die Tafel.

Spinat

Siede den Spinat, schwabe ihn ab, dünste ihn gut mit Butter, salze ihn, richte ihn auf die Schüssel an, streiche ihn schön glat aus, ziere ihn mit Kauli-Röseln; lasse ihn sieden, gieb ihn auf die Tafel.

Budin

Nimm für 2 Personen um 2 Kreuzer abgeriebene Semeln, weiche sie in Milch, drucke sie gut aus, thue sie in einen Weidling, treibe ein Stück …

schwaibe ihn und Petersill, bestreue es zierlich mit Käs, gieb es warm auf die Tafel.

Maccaroni Nudel.

Siede die Nudel weich, schwaibe sie mit kaltem Wasser gut ab, salze sie, nimm einen Theil Nudel auf eine blechene mit Butter geschmierte Schüssel, giess dann darüber etwas Käs und ein wenig Semmelbröseln, dann wieder Nudel und so fort, oben auf etwas Butter darauf, lasse sie gut aufsieden, gieb sie auf die Tafel.

Spinat.

Siede den Spinat, schwaibe ihn ab, dünste ihn gut mit Butter, salze ihn, richte ihn auf die Schüsseln, streiche ihn schön glatt aus, ziere ihn mit Semel Röstln, lasse ihn sieden, gieb ihn auf die Tafel.

Pudin.

Nimm für 4 Personen ein 8tel abgeriebenen Semmeln, weiche sie in Milch, drücke sie gut aus, thue sie in einen Reindl, treibe ein Viertel Butter und ein Viertel

Mark darunter, rührt es gut ab, nimm 6 Eyer
Dotter darunter, Zucker und Vanille
oder Zimmet nach Belieben, schlage
von der Klar einen Schnee, rühre
ihn langsam darein, schmiere ein
Castrol mit Butter, bestreue es
mit Semmelbröseln, thue den Butter
darein, mache in einen größern
Castrol ein Wasser siedend, stelle
dann den Butter darein daß das
Wasser aber nicht hinein rinnt
unten und oben Glut, daß das Wasser immer sied, bis er gut ist, dann
stürz ihn auf die Schüssel, schütte Schot-
to darüber und gieb ihn auf die
Tafel.

Gedünste Aepfel

Schäle die Aepfel, hernach schneide sie
klein, spaltelweiß, dünste sie mit etwas Zucker, dann richte sie auf einen
Teller in der Größe wie eine Artischo-
cken und breiter und immer gespitzter
dann nimm den Saft der Aepfel, Limonie Saft, Zucker nach Belieben und

... Butter und ein Stück Mark darunter gut ab; nimm 6 Eyerdötter darunter, Zucker und Fanilli oder Zimmet nach Belieben; schlage von der Klar einen Schnee, rühre ihn langsam darein; schmiere ein Kastrol mit Butter, bestreue es mit Semmelbrösel, thue den Butter darein; mache in einen größern Kastrol ein Wasser siedend, stelle dann den Butter darein, daß das Wasser aber nicht hinein rinnt; unten und oben Glut, daß das Wasser immer sied, bis er gut ist; dann stürz ihn auf die Schüssel, schütte Schatto darüber und gieb ihn auf die Tafel.

Gedünste Aepfel

Schäle die Aepfel, hernach schneide sie kleinspaltelweiß, dünste sie mit etwas Zucker; dann richte sie auf ein Teller in der Größe wie eine Artischoken und breiter und immer gespizter; dann nimm den Saft der Aepfel, Lemoni-Saft, Zucker nach Belieben und ...

… etwas Alkermus-Saft; siede alles recht stark, schütte es dann über die Aepfel, daß sie schön roth werden; besprenge es mit klein geschnittenen Zitronat oder Mandeln; laß kalt werden und gieb sie auf die Tafel.

Hirn-Suppe

Wasch das Hirn gut aus, lasse in einen Kastrol Butter mit Zwiebel zerschleichen, thue das Hirn hinein, zerrühre es fein auf der Glut; thue so viel Mehl daran, bis es dick wird; salze es und verdünne es dann mit der Suppe, bis es dünn genug ist; säuge es und lasse es gut versieden, richte es über gebackene Semel-Schnittel an.

Eingerührtes

Nimm ein starkes halb Seitel Obers auf 6 Eyer, sprüdle sie gut untereinander, zerlasse Butter in einen Pfandel, thue die Eyer hinein, auch etwas Schwamerl, rühre es immer, bis es dick genug ist; dann salze es, richt es auf ein Teller an, ziere es mit Spargel.

etwas Limonie Saft, siede alles recht stark, schütte es dann über die Äpfel daß sie schön roth werden, bestreue es mit klein geschnittenen Zitronat oder Mandeln, laß kalt werden und gib sie auf die Tafel.

Hirn Suppe.

Wasche das Hirn gut aus, lasse in einem Tiegel Butter mit Zwiebel zergehen, thue das Hirn hinein, zerrühre es fein auf der Glut, thue so viel Mehl daran bis es dick wird, salze es und rühre es dann mit der Suppe bis es genug ist, seihe es und lasse es gut versieden, richte es über gebähten Semmel Schnitten an.

Eingerührtes.

Nimm ein starkes halb Seitel Obers auf 6 Eyer, sprudle sie gut untereinander, zerlasse Butter in einer Pfandel, thue die Eyer hinein auch etwas Schwammel, rühre es immer bis es dick genug ist, dann salze es, richte es auf einen Teller an, ziere es mit Spargel.

Kastrol Mark Pastete.

Übergiesse auf einen Vierting Mehl einen starken halben Vierting Schmalz, salze es, reble das Schmalz hinab, dann schlage ein ganzes Ey daran, und mach den Teig mit Milch hübsch weich an und gut ab, dann schmiere ein Kastrol mit Butter, bestreue es mit Semmelbröseln, spreite es mit Teig aus, thue Gehäcks hinein dann das Fleisch und wieder Teig, dann den Deckel, zwick den Teig zusammen, schmiere es mit Eyer, gieb unten und oben Glut backe es schön langsam, stürze es auf ein Teller, ziere es mit grünem frischem Petersill und gieb auf die Tafel.

Schmankerlkoch.

Rühre Mehl mit Obers ab, lasse es auf der Glut unter beständigen rühren dick werden, dann stürze einen Kastrol Deckel auf die Glut, gieb ein wenig Butter darauf, schütte etwas Koch darauf und lass es [illegible] werden, dann löse immer kleine Stückeln herunter, rolle sie über den Kochlöffelstiel, lege sie auf die Seite, dann mach so viel Koch als du brauchst, zucker es, gieb etwas

Kastrol-Mark-Pastete

Uhngefehr auf einen Vierting Mehl einen starken halben Vierting Schmalz, salze es, reble das Schmalz fein ab, dann schlage ein ganzes Ey daran und mach den Teich mit Milch hübsch weich an und gut ab; dann schmier ein Kastrol mit Butter, bestreue es mit Semelbröseln, spalire es mit Taig aus, thue Fasch hinein, dann das Fleisch und wieder Fasch, dann den Deckel, zwick den Taig zusammen, schmier es mit Eyer, gieb unten und oben Glut, backe es schön langsam, stürz es auf ein Teller, ziere es mit grünen frischen Petersill und giebs auf die Tafel.

Schmankerl-Koch

Rühre Mehl mit Obers ab, lasse es auf der Glut unter beständigen Rühren dick werden, dann stürze einen Kastrol-Deckel auf die Glut, gieb ein wenig Butter darauf, schütte etwas Koch darauf und laß es ramlet werden; dann löse immer kleine Stückeln herunter, rolle sie über den Kochlöffelstiel, lege sie auf die Seite; dann mache soviel Koch, als du brauchst, zuckre es, gieb etwas …

… Zimet daran, thue es in ein Reindel, ziere es mit den gerollten Fanilli und giebs auf die Tafel.

Fasch in eine Mark-Pastete

Schneide Kalbfleisch hübsch klein, dünste es mit Mark und Butter, mach von Butter eine weiße Einbrenn, verdün es stark damit, verrühr es gut, schlag ein ganzes Ey daran, säure es mit Lemoni-Saft, salze es, lasse es verkochen, fülle sie ein.

Geschlagene Brod-Torten

Schlag von Eyerklar Schnee, zuckre ihn, lege eine Oblate auf eine eiserne Platte, mach von dem Schnee Laiberl darauf; back ihn in Backofen, bis er gelb wird; dann stürze ein Sieb auf ein Teller, sprüdle gutes Obers, thu den Faum immer auf das gestürzte Sieb, damit das Obers wieder durchrinnt und nur der Faum bleibt; dann leg auf ein Teller ein Laiberl Schnee, dann eine Leg Faum, gieb Zucker und Fanille darauf, dann wieder Schnee und so, bis es gar ist, obenauf wieder Faum, Zucker und Fanille, …

Zimet darein, thue es in ein Raindl, ziere
es mit den gerollten Vanilli und gieb es
auf die Tafel.

Füll in eine Mark Pastete.

Schneid Kalbfleisch würfelklein, dünste es
mit Mark und Butter, mach von Butter
einen weissen Einbrenn, brenn es stark
damit, verrühre es gut, schlag ein ganzes
Ey darein, säuer es mit Limoni Saft,
salz es, lass es verkochen, fülle sie ein.

3 Geschlagene Brod Torten.

Schlag von 8 Eyerklar Schnee, zuckere ihn, lege
einen Oblat auf eine eiserne Platte,
mach von dem Schnee Laiberl darauf,
back ihn im Backofen bis er gelb wird,
dann stürze ein Laib auf ein Teller,
sprudle gutes Obers, thu den Rahm
[illegible] auf das gestürzte Laib, damit das
Obers wieder durchweicht, und nur der
Rahm bleibt, dann leg auf ein Teller ein
Laiberl Schnee, dann ein Lag Rahm,
gieb Zucker und Vanillie darauf, dann
wieder Schnee und so bis es gar ist, oben
auf wieder Rahm Zucker und Vanille,

dann seihe Alkermes Saft darüber,
besprenge es mit Pistazi und Pomeranzen,
zuschalen, beydes klein geschnitten,
gib es auf die Tafel.

Sauerampfer Soß:

Schneide den Sauerampfer, wenn du ihn
geputzt und gewaschen hast, so klein als
nur immer möglich, dünste ihn dann
mit Butter, Salz und Lemoni etwas
ab, gib ihn zum Fleisch.

Butterteig:

Nimm so viel Mehl als Butter, dann mach
den Butter mit der Halfte Mehl gut ab
immer recht kalt halten, dann nimm
das andere Mehl und mache es mit ein
Ey etwas Essig Salz und Wasser recht
locker an und gut ab, dann walge den
Teig aus fingerdick, schlage den Butter
hinein und walge ihn dann 3 mal
aus, immer wieder zusammen legen und
auswalgen, mach dann daraus was du
willst, back ihn im Backofen schön gelb,
gib ihn auf die Tafel.

… dann spinne Alkermes-Saft darüber, bespreng es mit Pistazi- und Pomeranzen-Schäler, beydes klein geschnitten, gieb es auf die Tafel.

Sauerampfer-Soß

Schneide den Sauerampfen, wenn du ihn gepuzt und gewaschen hast, so klein als nur immer möglich, dünste ihn dann mit Butter, Salz und Lemoni etwas ab, gieb ihn zum Fleisch.

Butterteig

Nim soviel Mehl als Butter, dann mach den Butter mit der Helfte Mehl gut ab, immer recht locker halten; dann nimm das andre Mehl und mache es mit ein Ey, etwas Essig, Salz und Wasser recht locker an und gut ab; dann walge den Taig aus, hübsch dick, schlage den Butter hinein und walge ihn dann 3 mal aus; immer wieder zusammenlegen und auswalgen; mach dann daraus, was du willst; back ihn in Backofen schön gelb, gieb ihn auf die Tafel.

Scher-Ruben

Siede die Scher-Ruben in Wasser mit etwas Salz und Zucker recht weich, brenne dann ein wenig Zucker darüber, richte sie zierlich auf die Schüssel und gieb sie auf die Tafel.

Unterlegtes Schokolade-Koch

Mache ein Lemoni-Koch; wenn es ganz fertig ist, so lasse in einen Pfandel ein Zeltel Schokolade zerschleichen, rühre es dann darunter, schütte es in ein mit Butter geschmirtes und Semmelbrösel bestreutes Kastrol, backe es langsam in Backofen und giebs auf die Tafel.

Hasen

Wasche und putze den Hasen gut, dann spicke ihn recht gut, lege in ein Kastrol Speck, Zwiebel, gelbe Ruben und Zeller, lege den Hasen darein, schütte ein wenig Schü daran und lasse ihn immer so dünsten, bis er gut ist; dann richte ihn zierlich auf die Schüssel und gieb ihn auf die Tafel.

Weißer Rüben:

Siede die Weißen Rüben in Wasser mit etwas Salz und Zucker recht weich, brenne dann einen wenig Zucker darüber, richte sie zierlich auf die Schüssel und gieb sie auf die Tafel.

Unterlegtes Schokolade Koch:

Mache ein Lemoni Koch, wenn es ganz fertig ist, so lasse in einem Pfandel ein Seitel Schokolade zerschleichen, rühre es dann darunter, schütte es in eine mit Butter geschmierte und Semmelbröseln bestreute Cassrol, backe es langsam in Backofen und giebe es auf die Tafel.

Hasen:

Wasche und putze den Hasen gut, dann spicke ihn recht gut, lege in eine Cassrol voll Speck, Zwiebel, gelber Rüben und Zeller, lege den Hasen darein, schütte ein wenig Essig daran und lasse ihn immer so dünsten bis er gut ist, dann richte ihn zierlich auf die Schüssel und giebe ihn auf die Tafel.

Vanille Consume.

Nimm ein 6 Eyerdotter 3 becherl Obers Zucker und Vanille nach Belieben, sprudle alles gut unter einander ab, giesse es in die Becherl, mache in einer Rein Wasser sieden, stelle die Becherl hinein, lasse das Wasser immer schön langsam sieden, bis dass das Consume recht dick ist, dann stelle es in kaltes Wasser oder auf das Eis, lasse sie stehen bis sie recht kalt sind, dann gieb sie auf die Tafel.

Caffee Consume.

Wird gemacht wie das Vanille Consume, als dass man unter das Obers Caffee nimt und die Vanille auslasst.

Gefüllte Fritade Fleckerl.

Mache Fritade Fleckerl, fülle sie mit Salsen, schneide lauter kurze Stük, stelle sie auf ein mit Butter geschmiertes blechernes Schüsserl, sprudle 6 Eyerdotter, etwas Obers und Zucker,

Fanille-Konsume

Nimm auf 6 Eyerdötter 3 Becherl Obers, Zucker und Fanille nach Belieben, sprüdle alles gut untereinander ab, gieße es in die Becherl, mache in einer Rein Wasser siedend, stelle die Becherl hinein, lasse das Wasser immer schön langsam sieden, bis daß Konsume recht dick ist; dann stelle es in kaltes Wasser oder auf das Eis, lasse sie stehen, bis sie recht kalt sind; dann gieb sie auf die Tafel.

Kaffee-Konsume

Wird gemacht wie das Fanille-Konsume, als daß man unter das Obers Kaffee nimmt und die Fanille ausläßt.

Gefüllte Fritade-Fleckerl

Mache Fritade-Fleckerl, fülle sie mit Salsen, schneide lauter kurze Stück, stelle sie auf ein mit Butter geschmirtes, bleyernes Schüsserl, sprüdle Eyerdötter, etwas Obers und Zucker, …

… gieße es darüber, oben und unten Glut, lasse es fest werden; dann streue Zucker darauf und gieb es auf die Tafel.

Eingemachten Hasen

Richte ein Kastrol mit Speck und grüner Waar ein, spicke den Hasen, lasse ihn mit Schü gut dünsten, mach eine braune Einbrenn darüber, brenne etwas Zucker darauf, gieb ihn zierlich auf die Schüssel, trag ihn auf die Tafel.

Türkischen Bund stat des Rindfleisch

Nimm ein schönes langes Stück Lungenbratel, puze es sauber, spicke es dick, richte ein Kastrol mit Speck und grüner Waar stark ein, rolle das Bratel über eine gelbe Ruben, daß es ein Bund vorstellt, nähe es mit Spagat, lasse es mit Schü recht mürb dünsten, nimm die gelben Ruben und den Spagat heraus, stecke eine frische, gelbe Ruben hinein, richte es mit Erdäpfel auf die Schüssel, gieb es auf die Tafel; man kann auch Bertram-Soß rings herum schütten.

gießt es darüber, oben und unten Glut
lasse es fest werden, dann streue Zucker
darauf und gieb es auf die Tafel.

Eingemachten Hasen

Richte eine Casserol mit Speck und grünen Wurzen ein, schneide den Hasen,
lasse ihn mit Suppe gut dünsten, mach eine
braune Einbrenn darüber, brenne es
und Zucker darauf, gieb ihn zierlich
auf die Schüssel, trage ihn auf die Tafel.

Türkischen Bund statt des Rindfleisches

Nimm ein schön langes Stück Lungenbraten, putze es sauber, schneide es dick, richte
eine Casserol mit Speck und grünen
Wurzwerk ein, rolle das Bratel über
einen gelben Rüben, daß es einen Bund vorstellt, binde es mit Spagat, lasse es mit
Suppe recht mürb dünsten, nimm die
gelben Rüben und den Spagat heraus,
stecke eine frische gelbe Rüben hinein, richte es mit Erdäpfel auf die
Schüssel, gieb es auf die Tafel, man
kann auch [illegible]soß ringsherum schütten.

Gefüllte Fritade:

Mache 2 hübsch dicke Fritade Flecken, schmiere eine Schüssel mit Butter, lege einen Flecken darauf, dann streiche dick die Fasch darauf, dann den andern Flecken, gibs warm auf die Tafel.

Gefüllten Artifi

Siede den Artifi wenn er ausgewässert ist, gib acht dass er ganz bleibt, dann fülle ihn mit Fasch ein, mache Würstel darauf, schmiere eine Schüssel mit Butter lege die Würstel zierlich darauf, lass sie aussieden, und gibs auf die Tafel.

Speck Knödel mit Selchfleisch.

Schneide 2 Semmeln gewürfelt, feuchte sie mit Milch und 2 Eyern an, dann zerlasse den Speck ein wenig, lasse ein wenig Petersill und Zwiebel klein geschnitten darin anlaufen, mache die Knödel damit gut ab, thue so viel Mehl darunter als nothwendig, lasse sie in Wasser sieden, selze sie schön, richte sie zierlich mit Schü, gib sie auf die Tafel.

Gefüllte Fritade

Mache 2 hübsch dicke Fritade-Flecken, schmiere ein Schüsserl mit Butter, lege ein Flecken darauf, dann streiche dick die Fasch darauf, dann den andern Flecken; giebs warmer auf die Tafel.

Gefüllten Antifi

Siede den Antifi, wenn er ausgewässert ist; gieb acht, daß er ganz bleibt; dann fülle ihn mit Fasch ein, mache Würstel daraus, schmier eine Schüssel mit Butter, lege die Würstel zierlich darauf, laß sie aufsieden und giebs auf die Tafel.

Speck-Knödel mit Selchfleisch

Schneide 2 Semmeln gewürfelt, feuchte sie mit Milch und 2 Eyern an, dann zerlasse den Speck ein wenig, lasse ein wenig Petersill und Zwiebel, kleingeschnitten, darin anlaufen, mache die Knödel damit gut ab; thue so viel Mehl darunter als nothwendig, lasse sie in Wasser sieden, salze sie eher, richte sie zierlich an mit Schü, gieb sie auf die Tafel.

Kuh-Eiter

Siede das Eiter recht weich; man muß es zwei Tage sieden lassen, dann schälle die Haut ab; schneide Schnitzerl, salze sie, bestaube sie mit Mehl, thue etwas Schmalz, Butter und ein Ey untereinander, dunke die Schnitzel darein, bestreue sie mit feinen Semelbröseln, lasse sie in Butter braten, gieb sie auf die Schüssel, Lemoni-Saft darüber, auf die Tafel.

Gefüllte Fritade

Mache 2 hübsch dicke Fritade-Fleckeln, schmiere eine Schüssel mit Butter, lege ein Flecken darauf, dann streiche dick die Fasch darauf, hernach nimm den andern Flecken und giebs warmer auf die Tafel.

Reiskoch mit Ramerl

Lasse den Reis mit Milch recht weich und dick sieden, zuckre ihn nach Belieben, richte ihn auf ein Teller zierlich an, backe Ramel wie zum Schmankerl-Koch, bestecke den Reis damit, streue Zucker darauf und gieb ihn warmer auf die Tafel.

Das Euter.

Wenn das Euter nicht weich, man muss es 2 tag sieden lassen, dann schälle die Haut ab, schneide Schnitzel, salze sie, bestaube sie mit Mehl, thue etwas Schmalz, Butter und ein Ey untereinander, dunke die Schnitzel darein, bestreue sie mit kleinen Semmelbröseln, lasse sie in Butter braten, gieb sie auf die Schüssel, lemoni Sass darüber auf die Tafel.

Gefüllte Fritade:

Mache 2 hübsch dicke Fritaden Flecken, schmiere eine Schüssel mit Butter, lege ein Flecken darauf, dann streiche dick die Gesch[illegible], hernach nimm den andern Flecken, und giebs warmer auf die Tafel.

Reiskoch mit Kamerl.

Lasse den Reis mit Milch recht weich und dick sieden, zuckern ihn nach Belieben, richte ihn auf ein Teller zierlich ein, backe Semmel wie zum Schmankerl Koch, bestreue den Reis damit, streue Zucker darauf und gieb ihn warmer auf die Tafel.

Kälbernes Schnitzel.

Klopfe das Schnitzel nicht stark wenn es ausgewaschen ist, dann salze es ein, staube es mit Mehl, thue etwas Butter, Schmalz und ein Ey darunter, dunke das Schnitzel ein, bestreue es mit Semmelbrösel, lasse es in Butter ausbraten, gibs zierlich auf die Schüssel und dann warm auf die Tafel.

Schokolade Krem.

Rühre ein Mehl mit Milch und Zucker nach Belieben gut ab, hübsch dünn, gib ein Zeltel Schokolade darein und ein wenig gebrannten Zucker, daß es eine schöne Farb bekomt, rühre es dann auf der Glut, bis es recht dick wird, dann richte es auf einen Teller an, lasse es recht kalt werden, ziere es mit Holippen und Pistazien.

Spinat Würfel.

Backe hübsch dünne breite Fleckerl, dünste einen fein geschnittenen Spinat in Butter und Zwiebel gut ab, fülle die Fleckerl damit, richte sie auf eine mit But-

Kälbernes Schnitzel

Klopfe das Schnitzel recht stark; wenn es ausgewaschen ist, dann salze es ein, staube es mit Mehl, thue etwas Butter, Schmalz und ein Ey darunter, dunke das Schnitzel ein, bestreue es mit Semelbrösel, lasse es in Butter ausbraten, giebs zierlich auf die Schüssel und dann warmer auf die Tafel.

Schokolade-Krem

Rühre ein Mehl mit Milch und Zucker nach Belieben gut ab, hübsch dünn, gieb ein Zeltel Schokolade darein und ein wenig gebrannten Zucker, daß es eine schöne Farb bekomt; rühre es immer auf der Glut, bis es recht dick wird; dann richte es auf ein Teller an, lasse es recht kalt werden, ziere es mit Holippen und Pistazien.

Spinat-Würstel

Backe hübsch dünne Fritade-Fleckerl, dünste einen fein geschnittenen Spinat in Butter und Zwiebel gut ab, fülle die Fleckerl damit, richte sie auf ein mit But- …

… ter geschmirtes Schüsserl, sprüdle Eyer mit etwas Milch und schütte es darüber, oben und unten Glut, lasse es backen, bis die Eyer fest sind, gibs auf die Tafel.

Süsses Kraut

Schneide es wie Nudel, dünste es mit Essig und Schü gut ab, brenne Zucker darüber, daß es eine schöne Farb bekommt; zuckre es stark, richte es zierlich an und giebs auf die Tafel.

Lämmernes Eingemachtes mit Glas

Wasche das Lämmerne gut aus, dünste es mit Speck und grüner Waar, auch Suppe gut ab; schneide dann kleine Stückel, mach eine weiße Einbrenn in Butter und Schambian, salze sie, nimm ein Eyerdotter, Lemonisaft, grün Petersill und Butter, lasse es ein wenig sieden, thue es unter die Einmachsoß, gieße es über das Lämmerne, giebs auf die Tafel.

Topfen-Koch

Nimm ein Seitel Milch, 3 Eßlöffel voll Essig und 2 ganze Eyer, lasse es unter beständigen Rühren auf der Glut zum Topfen …

der geschnittenen Schüssel, sprudle Eyer mit
etwas Milch und schütte es darüber, oben
und unten Glut, lasse es backen bis die
Eyer steif sind, gibs auf die Tafel.

Süsses Kraut.

Schneide es wie Nudel, dünste es mit Essig
und Salz gut ab, brenne Zucker darüber, daß es einen schönen Geruch bekommt,
zuckere es stark, richte es zierlich an und
gibs auf die Tafel.

Lämmernes eingemachtes mit Glas.

Wasche das Lämmerne gut aus, dünste es
mit Speck und grünem Kraut auch Suppe
gut ab, schneide dann kleine Würfel, mach
eine weiße Einbrenn in Butter mit
Schampion, salze sie, nimm ein gehackte
Lämmerschaft grüne Petersill und Limonien,
lasse es ein wenig sieden, thue es wieder
ein Limonisaft, gieße es über das Lämmerne, gibs auf die Tafel.

Topfen Koch.

Nimm ein Seitel Milch, 3 Eßlöffel voll Essig
und 2 ganze Eyer, lasse es unter beständigem rühren auf der Glut zum topfen

114.) werden, drucke ihn dann durch ein tuch aus,
thue den topfen in einen Weidling
nimm um 2 xr Milch geweichte Semmel
dazu, treibe beydes mit einem Stuck
butter gut ab, nimm 5 Eyerdotter
darunter, stosse 30 Mandeln klein,
nimm sie gleichermassen dazu, Zucker,
Zitronat und Pistazien nach belieben,
thue ein Casserol mit ausgeschnittenen
Papier ausspicken, schütte das
Koch darein, lasse es in backofen langsam backen, hebe das Papier mit dem
Koch heraus, thue es auf die Schüssel,
bestreue es mit Zucker, gibs auf die
tafel.

Kälbernen Brustkern.

Brate den Brustkern mit Speck und
grünen Kräutern, etwas Schü in einem
Casserol gut ab, salze es, lege ihn auf
die Schüssel, schütte etwas Schü darüber
gibs auf die tafel.

Gedünste Äpfel.

Schäle die Äpfel, schneide sie blattel,
wirf sie in ein Casserol, lasse sie weich

… werden, drucke ihn dann durch ein Tuch aus, thue den Topfen in einen Weidling, nimm um 2 Kreuzer milchgeweichte Semmel dazu, treibe beydes mit einen Stück Butter gut ab, nimm 5 Eyerdötter darunter, stosse 30 Mandeln fein, nimm sie gleich anfangs dazu; Zucker, Zitronat und Pistazen nach Belieben; thue ein Kastrol mit ausgeschnittenen Papier ausspaliren, schütte das Koch darein, lasse es in Backofen langsam backen, hebe das Papier mit dem Koch heraus, thue es auf die Schüssel, bestreue es mit Zucker; giebs auf die Tafel.

Kälbernen Brustkern

Brate den Brustkern mit Speck und grüner Waar, etwas Schü in einen Kastrol gut ab, salze es, leg ihn auf die Schüssel, schütte etwas Schü darüber; giebs auf die Tafel.

Gedünste Aepfel

Schäle die Äpfel, schneide sie blattelweiß in ein Kastrol, lasse sie weich…

… dünsten, zuckre sie, zerrühre sie zu ein Koch, richte sie auf ein Teller zierlich an, streiche sie mit einen Messer schön glatt, ziere sie mit Pistazen, Zitronat und Mandel; giebs auf die Tafel.

Fleisch mit französischer Soß

Nimm ein Löffel voll Mehl, gieb 2 Eyerdötter darein, 5 Eßlöffel voll Ram, lasse es gut untereinander unter beständigen Rühren verkochen, dann Lemoni-Saft und Salz nach Belieben; schütte es über das Rindfleisch, backe es und giebs auf die Tafel.

Hirn-Bafesen

Siede das Hirn recht weich, puze es dann sauber, schneide es recht klein, salze es, fülle es dick zwischen Semmelschnitten, schütte Milch darauf, daß sie weich werden, dunke sie dann in ein Ey ein, backe sie in Schmalz heraus; gibs auf die Tafel.

Kälberne Zungen mit polnischer Soß

Siede die Zungen recht weich, puze sie …

dünsten, zuckere sie, zerrühre sie zu einem
Koch, richte sie auf ein Teller zierlichen,
streiche sie mit einem Messer schön glat,
ziere sie mit Pistazen, Zitronat und
Mandel, gibe auf die Tafel.

Fleisch mit französischer Soß:

Nimm ein Löffel voll Mehl, gib 2 Eyerdottern darein, 5 Eßlöffel voll Rahm, laß
sie gut unter einander unter beständigen rühren verkochen, dann Lemoni
Saft und Salz nach Belieben, schütte
es über das Rindfleisch, bähe es
und gibe auf die Tafel.

Hirn backen.

Siede das Hirn recht weich, putze es dann
sauber, schneide es recht klein, salze es,
fülle es dick zwischen Semmelschnitten
schütte Milch darauf, daß sie weich
werden, dunke sie dann in Eyer
ein, backe sie in Schmalz schön, gibe
auf die Tafel.

Kälberne Zungen mit polnischer Soß:

Siede die Zungen recht weich, putze sie

sauber, mache dann einen weißen Einmach, daß stäube sie mit gebrenten Zuker recht braun, gib Weinbeerl und Zibeben daran, Zucker nach Belieben, gib die Zungen hinein und lasse es verdünsten bis es Zeit ist auf die Tafel zu geben.

Dalkerln 3

Nimm ein wenig Kaiser Mehl, zerlasse Butter in einem Pfandl, schütt ihn darein, nimm 3 Eyerdotter und 2 ganze Eyer, thue es gut untereinander, mache es mit Milch dünner, bake sie, fülle sie mit Salsen oder durchgeschlagenen Zwetschken, bestreue sie mit Zucker und gib sie auf die Tafel.

Grünkohl. 3

Putze den Kohl sauber, wasche ihn aus ganz rein, siede ihn weich, lasse Butter heiß werden, dünste den Kohl darein, salze ihn, thue ein wenig Kümmel[illegible] darunter, richte ihn zierlich an, zum

... sauber, mache dann eine weiße Einmach-Soß, färbe sie mit gebrenten Zucker recht braun, gib Weinberl und Zibeben darein, Zucker nach Belieben; gieb die Zunge hinein und lasse es so sieden, bis es Zeit ist, auf die Tafel zu geben.

Dalkerln

Nimm in ein Hafen Mehl, zerlasse Butter in einen Pfandel, schütt ihn darein, nimm 3 Eyerdötter und 2 ganze Eyer, thue es gut untereinander, mache es mit Milch dünner, backe sie, fülle sie mit Salsen oder durchgeschlagenen Zwetschken, bestreu sie mit Zucker und gieb sie auf die Tafel.

Grün-Kohl

Putze den Kohl sauber, wasch ihn aus ganzer, siede ihn weich, lasse Butter heiß werden, dünste den Kohl darin, salze ihn, thue ein wenig Einmachsoß darunter, richte ihn zierlich an, ziere ...

… ihn mit kleingeschnittenen geselchten Würsteln, gieb ihn auf die Tafel.

Dampfnudeln

Nimm in ein Weidling Mehl, thue Eyerdötter hinein, zerlassenen Butter und Germ, salze sie und mach sie mit warmer Milch gut an, hübsch dick; thue sie auf ein stark mit Mehl gestaubtes Bret, drehe die Nudel mit der Hand ab, lasse sie gehen, mach in einer Rein Milch siedend, leg die Nudel darein und laß sie so backen, bis sie schön gelb sind; dann richte sie zierlich auf ein Teller, zuckre sie, gibs warmer auf die Tafel.

Schüssel-Krapfel

Laß in ein Pfandel Milch sieden, gieb ein Stück Butter darein, zerlassen; dann rühre Mehl hinein soviel, bis sie recht fest sind; salze sie etwas, immer auf der Glut, bis es recht gut untereinander ist; dann thu den Taig in ein Mörser und stosse ihn stark; dan stosse ein ganzes Ey nach dem andern hinein, back sie in heißen Schmalz heraus, zuckre sie und gieb sie auf die Tafel.

ihn mit klein geschnittenen geschelten Kümmerln, gieb ihn auf die Tafel.

2 Dampfnudeln

Nimm in ein Weidling Mehl, thue Eyerdotter hinein, zerlassenen butter und Germ, salze sie und mach sie mit warmer Milch gut an hübsch dick, thue sie auf ein stark mit Mehl gestaubtes Brett, drehe die Nudel mit der Hand ab, lasse sie gehen, mache in einer Rein Milch siedend, leg die Nudel darein und lasse sie so backen bis sie schön gelb sind, dan richte sie zierlich auf ein Teller, zuckere sie, gieb sie warm auf die Tafel.

3 Schüssel Krapfel.

Setze ein Pfandel Milch siedend, gieb ein Stück butter darein zerlassen, dan rühre Mehl hinein so viel bis sie recht dick sind, salze sie etwas, rühre auf der Glut bis es recht gut untereinander ist, dan thu den Teig in ein Mörser und stosse ihn stark, dan stosse ein junges Ey nach dem andern hinein, bach sie in heißen Schmalz heraus, zuckere sie und gieb sie auf die Tafel.

3 Die eingesottenen Weichseln.

Nimm ein halb Pfund feinen Zucker,
dunck ihn in ein frisches Wasser ein,
gieb ihn in ein messingnes Beckh, laß
ihn auf der Glut spinnen bis er
seinen Faden macht, dann gieb ein
Pfund ausgelößte Weichseln hinein, laß einen schön sacht sieden
auf der Glut bis gegen einem
guten Viertel eingesotten ist,
man muß es öfters mit einem
Silber Löffel umrühren, nachdem
laß es auskühlen, fülle sie in die
Tegel, bind es mit Dünntuch zu,
und stelle es an ein kühles Ort.

3 Einen Ritscher zu sieden.

Setz ein messingnes Beckhen auf die Glut,
nimm anderthalb Pfund Zucker,
dunk ihn in ein frisches Wasser,
laß ihn sieden bis er einen Faden macht, nachdem nimm ein Pfund
ausgelößte Weichseln, ein Pfund
ausgelößte Kerschen, ein Pfund

Die eingesottenen Weichseln

Nimm ein halb Pfund fein Zucker, dunk ihn in ein frisches Wasser ein, gieb ihn in ein messinges Beck, laß ihn auf der Glut spinnen, bis er einen Faden macht; dann gieb ein Pfund auslößte Weichseln hinein, laß immer schön fort sieden auf der Glut, bis gegen einen guten Vierting eingesotten ist; man muß es öfters mit einen Silber-Löffel umrühren; nach dem laß es auskühlen, fülls in die Tegel, bind es mit Düntuch zu und stells an ein kühles Ort.

Einen Ritscher zu sieden

Setz ein messinges Beck auf die Glut, nimm anderthalb Pfund Zukker, dunk ihn in ein frisches Wasser, laß ihn sieden, bis er einen Faden macht; nach dem nim ein Pfund ausgelöste Weichseln, ein Pfund ausgelößte Kerschen, ein Pfund …

… durchgeschlagenen Jmber, laß alles gut untereinander schön langsam sieden, bis sich ein Pfund davon einsiedt; dann behandel das Übrige wie bey den Weichseln ist gesagt worden.

Eingesottene Jmber-Salzen

Nimm ein halb Pfund gut gewognen Zucker, dunk ihn in Wasser ein, laß ihn spinnen, bis er einen Faden macht; nimm ein Pfund durchgeschlagenen Jmber, gieb ihn in den Zucker hinein, laß ihn auf der Glut solang sieden, bis er vor Dicke nicht mehr sieden kann; rührs öfter mit einen Silberlöffel auf; fülls ein, binds zu; so ist es fertig.

Kandirte Weichseln, Ribiseln und Kerschen

Nimm 3 Loth recht fein gestossenen Zucker, dunk das Obst in ein frisches Wasser ein, dann bestreu es mit den gestossenen Zucker, daß es schön …

durchgeschlagenen Hiefen, laß alles gut unter einander schön langsam sieden, bis sich ein Pfund davon ein- siedt, dann behandle das übrige wie bey den Weichseln ist gesagt worden.

3 **Eingesottene Hiefen Salsen.**

Nimm ein halb Pfund gut gewogenen Zucker, dünst ihn in Wasser ein, laß ihn spinnen bis er einen Faden macht, nimm ein Pfund durchge- schlagenen Hiefen, gieb ihn in den Zucker hinein, laß ihn auf der Glut so lang sieden, bis er vom Löffel nicht mehr sieden kann, rühre öfters mit einem Silberlöffel auf, fülle ein, bind zu, so ist es fertig.

3 **Candierte Weichseln, Ribiseln, und Agrasen.**

Nimm 3 Loth recht klein gestossenen Zucker, dünst das Obst in ein frisches Wasser ein, dann bestreue es mit den gestossenen Zucker, daß es schön

weiß und dick ist, nachdem leg auf ein
Papier schön aneinander an die
Sonne, laß eine Stund liegen, die
kanst eine Torten damit aufzieren,
oder zum Confect geben.

Eingesottene Ribiseln. 3

Nim Ribiseln, nachdem abbündt wäg sie
wieviel Pfund sie gewesen sind, nach
dem nim auf ein Pfund Ribisel
ein halb Pfund Zucker, dunk den
Zucker in frischen Wasser, laß ihn
in Beck spinnen bis er einen
Faden macht, dann gieß die Ribiseln
hinein, laß schön langsam auf
der Glut sieden, bis von ein Pfund
ein Vierting eingesotten ist, dann
laß ihn ganz erkühlen und mach
es wie bey die andern.

Eingesottene Kütten. 3

Nim Kütten, schäle sie, siede sie in
Wasser weich, nachdem treib durch
ein Sieb und wäg sie wieviel Pfund
es sind, nachdem nim auf ein Pfund
3 Vierting Zucker, den Zucker stosse

… weiß aussieht; nach dem legs auf ein Papier schön auseinander an die Sonne, laß eine Stund liegen; du kanst eine Torten damit aufpuzen oder zum Konfeckt geben.

Eingesottene Ribiseln

Nimm Ribisel, rebels ab und wäg sie, wieviel Pfund sie schwer sind; nachdem nimm auf ein Pfund Ribisel, ein halb Pfund Zucker, dunk den Zucker in frisches Wasser, laß ihn in Beck spinnen, bis er einen Faden macht; dann gieb die Ribisel hinein, laß schön langsam auf der Glut sieden, bis von ein Pfund ein Vierting eingesotten ist; dann laß ihn auskühlen und machs so wie bey die andern.

Eingesottene Kitten

Nimm Kitten, schäle sie, siede sie in Wasser weich; nach dem treibs durch ein Sieb und wäg sie, wieviel Pfund es sind; nach dem nimm auf ein Pfund 3 Vierting Zucker; den Zucker stosse …

… in frisches Wasser, gieb ihn in das Beck und laß ihn spinnen; nach dem gieb die Kitten hinein, laß recht dick sieden, daß sie eine schöne röthlichte Farb haben; je länger sie sieden, je besser sieden sie sich ein; rühr sie öfter auf, damit sie sich nicht anlegen; nach dem machs wie bey die andern.

Eingesottene Marillen

Nimm Marillen, löse den Kern heraus und überdünste sie; nach dem schlags durch ein Sieb, wäg sie, wieviel Pfund es sind, nimm auf ein Pfund 3 Vierting Zucker; dunk ihn in frisches Wasser ein, legs in ein Beck und laß ihn spinnen, bis er einen Faden macht; nach dem gieb die Marillen hinein und laß von ein Pfund ein Vierting einsieden, schön langsam, rührs öfters mit einem Löffel auf und machs ebenso wie bey die andern.

Weichsel-Saft

Nimm ein Körberl voll Weichseln, röbels ab und ein paar Handvoll Waldkerschen …

in frisches Wasser, gieb sie in das Beck
und laß sie sieden, nachdem gieb den
Zucker hinein, laß recht dick sieden
daß sie einen schönen röthlichten Farb
haben, je länger sie sieden, je besser
werden sie sich schön, rühr sie öfters auf
damit sie sich nicht anlegen, nachdem mache wie bey die anderen.

3 Eingesottene Marillen.

Nim Marillen, löse den Kern heraus und überbrühe sie, nachdem schlage durch ein Tuch, wäge sie wieviel Pfund es sind, nim auf ein Pfund 3 Vierting Zucker, dünste ihn in frischen Wasser ein, lege in ein Beck und laß ihn sieden bis er einen Faden macht, nachdem gieb die Marillen hinein und laß sie ein Stund ein Vierting einsieden schön langsam, rühre öfters mit einem Löffel herum und mache eben so wie bey die andern.

Weichsel Saft.

Nim ein Körbel voll Weichseln, zupfe ab und ein paar Handvoll Waldkirschen

darunter, quetsche sie leicht in einem steinenen Mörser und von die letzten stoß ein paar Handvoll Beer, presse sie durch ein sauberes Tuch, dann laß ihn durch ein dichten Zeugsackl recht klar durchlaufen, dann meß ihn und gieb auf eine Maß ein ℔ schön Zucker, stoß ihn in [illegible] Wasser ein und laß ihn in einer messingenen Pfan sieden, gieb den Saft hinein und vom 3 kr. ganzen Zimet, um 3 kr. ganze Nägel darunter, laß ihn schön langsam sieden, daß von einer Maß ein Seitel eingesotten wird, laß ihn auskühlen und füll ihn in die Flaschen.

Zieber Saft.

Nimm ein Körbel voll Zieber, zerquetsch ihn in einem Dreifling, bis eine gleichen rechst du sehen wie viel Maß es sind, dan nimm auf eine Maß ein Seitel guten Weinessig, sied ihn und schütt ihn siedend darüber,

… darunter, quetsche sie leicht in einen steinernen Mörser und von die lezten stoß ein paar Handvoll Kern, preß sie durch ein sauberes Tuch; dann laß ihn durch ein dicken Beysack recht klar durchlaufen, dann meß ihn und gieb auf ein Maß ein (Pfund) fein Zucker; stoß ihn in frischen Wasser ein und laß ihn in einer messingen Pfann spinnen, gieb den Saft hinein und um 3 Kreuzer ganzes Zimmet, um 3 Kreuzer ganze Nägerl darunter; laß ihn schön langsam sieden, daß von einer Maß ein Seitel eingesotten wird; laß ihn auskühlen und füll ihn in die Flaschen.

Jmber-Saft

Nimm ein Körberl voll Jmber, zerquetsch ihn in einen Weidling, bey ein gleichen wirst du sehen, wie viel Maß es sind; dann nimm auf eine Maß ein Seitel guten Weinessig, sied ihn und schütt ihn siedend darüber, …

… stelle ihn zugedeckter in Keller bis den andern Tag; nach dem nimm ihn heraus, seig ihn durch ein Tuch und stelle ihn wieder in Keller bis den dritten Tag; dann lasse ihn durch den wollenen Sack schön klar durchlaufen; dann meß ihn, auf ein Maß Saft ein Pfund ein Vierting Zucker, laß den Zucker spinnen, gieb den Saft hinein und laß ihn langsam einsieden, bis er schön dick wird und ein Seitel eingesotten ist, dann laß auskühlen und fülls in die Flaschel.

Gefaumtes Obers

Man nimt ein Maß gutes Obers, welches recht gesotten ist, ein Quintel Fanilli, fein gestossen, wie auch ein Stückel Zucker und giebs ins Obers, sodann sprüdle man es ganz zu ein Faum; hernach giebs in die Büchsen und stells in das Eis, die Büchse muß aber vorher schon lang in Eis gestanden seyn, dann dreh sie …

stelle ihn zugedeckter in Keller bis
den andern tag, nehme nun ihn
heraus, seig ihn durch ein tuch und
stelle ihn wieder in Keller bis den
dritten tag, dann lasse ihn durch den
wollenen Sack schön klar durchlaufen, dann nehme ihn, auf eine Maß
Saft ein ℔ ein Vierting Zucker,
laß den Zucker feimen, gib den
Saft hinein und laß ihn langsam
einsieden bis er schön dick wird und
ein Viertel eingesotten ist, dann
laß auskühlen und füll in die
Flaschel.

3 Gefrorenes Obers.

Man nimmt eine Maß gutes Obers
welches erst gesotten ist, ein quintel
Vanilli klein gestossen, wie auch ein
Viertel Zucker und gibt ins Obers,
sodann sprudle man es ganz zu einen
Schaum, hernach gibt man es in die Büchsen und stellt es in das Eis, die Büchsen muß aber vorher schon lang im
Eis gestanden seyn, dann Dril mischen

öfter heraus und wann es zum
stocken anfangt so löß sie von der
Büchsen los damit es sich stelt,
und laß stehen bis man es brauch,
heraus stoß es geschwind in ein heiß
Wasser und trückne es mit einen Tuch langsam ab, daß du es
heraus stürzen kanst, so ist es fertig.

Vanilli gefrorenes.

Nimm 3 Seitl Obers siedet es,
dan nimm 10 Eyerdötter und sprudle
mit ein paar Tropfen Wasser ab,
das heiß Obers darunter und sprüdels recht dick von fern bey der
Glut ab, gib ein 9 xr. gestoßene
Vanille dazu und ein viertel
gestoßenen Zucker darunter sprüdeln dan stellt man in Was-
ser daß es recht kalt wird, dan giebt
in die Büchsen, grabt ein Eis um
das stellt, dreh es öfter herum
das stockt und giebt heraus in die
Flaschen.

… öfter herum und, wann es zum Stocken anfangt, so löse sie von der Büchse loß, damit es sich stockt, und laß stehen, bis mans braucht; hernach stoß es geschwind in ein heiß Wasser und trückne es mit einen Tuch langsam ab, daß du es herausstürzen kanst; so ist es fertig.

Fanilli-Gefrorenes

Nimm 3 Seitel Obers, siede es ab, dann nimm 10 Eyerdötter und sprüdels mit ein paar Tropfen Wasser ab, das heiße Obers darunter und sprüdels recht dick von fern bey der Glut ab; gieb um 9 Kreuzer gestoßnen Fanille dazu und ein Vierting gestoßnen Zucker darunter sprüdeln; dann stellt mans ins Wasser, daß recht kalt wird; dann giebs in die Büchsen, grabs ins Eis ein, das stockt; dreh es öfter herum, das stockt, und giebs hernach in die Flaschen.

Die Büchsen muß vorher in Eis eingegraben seyn, bis recht kalt ist; das Eis muß recht stark gesalzen werden.

Guglhupf (Weißkampf)

12 Loth Schmalz werden recht pflaumig abgetrieben; dann verrührt man 3 gute Eßlöffel voll Obers darein; nach dem schlägt man 6 ganze Eyer, eines nach dem andern, darein, jedes aber bevor gut verrührt; dann gibt man 2 große Löffel gute dicke Germ darein und zugleich 16 Loth Mundmehl, salzt ihm und schlägt ihm gut ab, giebt dann Ziwöben und Weinberl dazu und bestreicht das Beken mit Schmalz, besäet es mit Semmelbreseln, füllt ihm ein und laßt ihm schön gemach gehen und back ihm langsam, so ist er gut.

Schneider-Torte

Man nehme 1/2 Pfund Mandeln, stoße solche sammt der Haut wie feine Kleiben; ein 1/2 Pfund Butter wird recht pflaumig abgetrieben; wenn dieß geschehen ist, gebe man zu obigen Mandeln einen Vierthing rein gestoßenen Zucker, etwas Zimmet, Gewürznelken und fein geschnittene Lemonie-Schäler und ganz am Ende ein 1/2 Pfund Mehl und rühre alles gut zusammen.

Die Büchsen muß vorher in Eis eingegraben seyn, bis sie recht kalt ist, das
Eis muß recht stark gesalzen werden.

Kugelhupf. (Weißkrapf.)

12 Loth Schmalz werden recht pflaumig abgetrieben
dann vermischt man 3 gute Eßlöffel voll Germ
darein, nachdem schlägt man 6 ganze Eyer eins
nach dem andern darein, jedes aber besonders
gut vermischt, dann gibt man 2 große Löffel guten
dicken Rahm darein und zugleich 16 Loth Mundmehl
salzt ihn und schlägt ihn gut ab, giebt dann Zibeben
und Weinbeerl dazu und bestreicht das Model
mit Schmalz, bestreuts mit Semmelbröseln füllt
ihn ein und läßt ihn schön gemach gehen, sodann
backt ihn langsam, so ist er gut.

Schneider Torte.

Man nehmen ½ ℔ Mandeln, stoßen solche sammt der Haut wie
feinen Kleiben. Ein ½ ℔ Butter wird recht pflaumig abgetrieben, wenn dieses geschehen ist, geben man zu obigen
Mandeln einen Vierling fein gestoßenen Zucker,
etwas Zimmet Gewürznägelein, und klein geschnittenen
Limonie Schäler, und ganz am Ende ein ½ ℔ Mehl
und rühren alles gut zusammen.

Mandelkuchen zu machen.

Nimm 6 Loth Butter treib ihn recht pflaumig ab, hernach nimm 7 Loth Mandeln und 6 Loth ~~Mandeln~~ Zucker Limoniaschallen und 3 ganze Eyer und 5 Dotter von den 6 Dottern [illegible] zu Schnee wenn das alles gut gerührt ist so schmiere das Reindl mit Butter und streue es mit Semmeln gib darein das Teig und lass es gut backen.

Tag und Nachtkuchen.

Man nimmt 6 Loth Mehl und 6 Loth Butter, und reibt es miteinander ab, dann nimmt man ein grosses Seidel Obers hin darab, und setzt über den Teig darein, lass es [illegible] und stell es auf die Gluth und lass es gut aufsieden, lass es auskühlen und treibt das Koch 1/4 Stund recht ab, dann schlag man 4 Eyer Dotter einen nach den andern daran, die Klar zum Schnee, und dann auf die Letzt hinein, zuckern es, den Geruch nach belieben gib es einen Rand bloss in Dunst.

Man nimmt ein Seidel Obers Koch 4 Zeltel Schokolad darein und sprudelt es mit 4 Eyer Dotter und Zucker ab, und schüttet es in die Mehlspeis einige hinein.

Vanil Koch.

Reib von 3 Kreutzer Vanilie die Rinde ab schneide es klein [illegible] gieb es in einen [illegible] einen halben Stund darauf [illegible] auf der Gluth es bis es dick ist [illegible] von Gluth weg [illegible] 6 Loth Butter darein schlag 6 Dotter einen nach den andern wohl [illegible] schlag von [illegible] die Klar zum Schnee [illegible] hinein. Gib 6 Loth klein gestossenen

Mandel-Budin zu machen

Nimm 6 Loth Butter, treib ihm recht pflaumig ab, hernach nihm 7 Loth Mandeln und 6 Loth Zucker, Lemonieschällen und 3 ganze Eyer und 5 Dötter, von den Eydöttern davon 3 zu Schnee; wenn das alles gut gerührt ist, so schmiere das Bek mit Butter und panire es mit Preserln, gieb das in das Bek und laß es gut baken.

Tag-und-Nacht-Budin

Man nimmt 6 Loth Mehl und 6 Loth Buter, und wirg es mitsammen ab; dann nimmt man ein großes Seidel Obers, sied es, und kocht den Teig darein; laß es sieden und stell es auf die Gluth und laß es gut auskochen; laß es auskühlen und treibt das Koch 1/4 Stund allein ab; dann schlag man 7 Eyer-Doter, eines nach den andern, daran; die Klar zum Schnee, und kommt auf die Letzt hinein, zuckere es, den Geruch nach Belieben. Sied es eine Stunde bloß in Dunst.

N. B. Man nimmt ein Seidel Obers, kocht 2 Zeltel Schokolat darein und sprudle es mit 8 Eyer Dötern und Zucker ab und schütt es in die Mehlspeiß rings herum.

Semel-Koch

Reib von 3 Kreutzer Semeln die Rinde ab, schneide es bladlat zusam, gieb es in eine Rein, schied eine Halbe Obers darauf, sied es auf der Gluth ab, bis es dick ist, rühre es aber fein ab; thu es von Gluth weg, rühre 6 Loth Butter daran, schlag 6 Dötter, eines nach den andern wohl verrührt; schlag von den Eyern die Klar zum Schnee, rühre ihn hinein. Gib 6 Loth fein gestossenen …

... Zucker, ein wenig Vanili, rühre es 1/4 Stund, nihm Holipen, gib es stickelweis hinein, misch sie nur durcheinander; du kannst auch 4 Loth feingestoßene Mandel hineingeben; aber wenn du sie hineingibst, so gieb es mit den Butter hinein; schmir ein Becken, panire es mit Semmelbreßsl aus und gieb das Koch hinein und back es schön langsam.

Gute Krapfen zu machen

Nimm 1 Pfund Mehl, ein wenig Salz und ein wenig feinen Zucker, 12 Eyerdötter in einen Topf wohl abgerührt; einen Vierting süßen Butter zerlassen und in den Topf hinein; ein halbes Seidel laulichtes Obers, 4 Loth Gerben, alles zusammen gut abgesprüdelt, den Teig gut angemacht, wenig abgeschlagen, gut gebacken.

Mandel-Zwieback mit Schato

Nimm 1/2 Pfund hartes Zwieback mit Mandeln, richt es auf eine Schüssel, 1 Seidl rothen Wein, laß ihm heiß werden, Zucker hinein, Lemonie-Schallen. Nimm ein weisen Wein, soviel Eyer Dötter soviel Eyergucken, Zucker, Wein, Lemonischäler; gieb es auf die Gluth, sprüdle, bis es dick ist, gieb es auf das Zwieback.

Zucker ein wenig Limoni [illegible] rühren es ¼ Stund
nach Zeiger gib es Viertel weis hinein [illegible] fein
oder durchgetriebenen Butterteig auch 4 Loth fein
gestoßene Mandel hinein geben aber wenn du
sie hinein gibst so rühr es mit den Butter hinein
schmier ein Becken [illegible] es mit Semmelbröseln
an und gieb das Koch hinein und back es schön
langsam.

Gute Krapfen zu machen.

Nimm 1 ℔ Mehl ein wenig Salz und ein wenig
warmen Zucker 12 Eyerdotter in einem Topf wohl
abgemischt einen Viertung süßen Butter geläu-
tert und die in den Topf hinein, ein halbes Seitel
laulichtes Obers 4 Loth Germ alles zusammen
gut abgeschwündelt, den Teig gut angemacht,
wenig abgeschlagen, gut gebacken.

3

Mandel Zwiback mit Schoko.

Nimm ½ ℔ hartes Zwieback mit Mandeln richte es
auf eine Schüssel, nimm 1 Seitel rothen Wein
lass ihn heiß werden Zucker hinein [illegible]
schütten. Nimm ein [illegible] so viel Eyer
dotter so viel Eyer [illegible] 2 Loth [illegible]
[illegible], gieb es auf die Gluth schwündeln bis es dick,
gieb es auf das Zwieback.

128.) Gebackene Erbsen. 3

Mach einen Brandteig, thu ihn auf
ein stark gestaubtes Brett, mache
es so wie mit die Augenwürstel, schneide mit dem Messer davon lauter kleine Stückl wie Erbsen groß, treib,
laß sie in Schmalz, thue sie in die heiße Suppe und lasse sie so weit
Weile weichen, gib es auf die Tafel.

Aufgeloffenes Reiskoch.

Nimm einen halben Vierting Reis, lasse ihn
in der Milch recht weich und dick sieden,
lasse ihn aus kühlen, treib ihn durch
ein eingelochtes Sieb in einen
Weidling, treib ein Stück Butter darunter gut ab, dann 4 Eyerdötter und
ein ganzes Ey, Zucker und Zimmet
nach Belieben, schlage von der Klar
einen Schnee und rühre ihn langsam
darunter, thu es in eine mit Butter
beschmierte und Semmelbröseln bestreute Casserol, backe es in Backofen
langsam, gib auch kein Zeller, bestreue es
mit Zucker, gib es zur Tafel.

Gebackene Erbsen

Mach einen Brandteich, thu ihn auf ein stark gestaubtes Bret, mache es so wie mit die Regenwürm; schneide mit dem Messer davon lauter kleine Stück wie Erbsen groß herab, laß sie in Schmalz, thu sie in die heiße Suppe und lasse so mit Weile weichen; gibs auf die Tafel.

Aufgeloffenes Reiskoch

Nimm ein halben Vierting Reis, lasse ihn in der Milch recht weich und dick sieden, laß ihn auskühlen, treib ihn durch ein umgekehrtes Sieb in einen Weidling, treibe ein Stück Butter darunter gut ab, dann 4 Eyerdötter und ein ganzes Ey, Zucker und Zimet nach Belieben; schlage von der Klar einen Schnee und rühre ihn langsam darunter, thu es in ein mit Butter beschmiertes und Semelbrösel bestreutes Kastrol, back es in Backofen langsam, gibs auf ein Teller, bestreu es mit Zucker; giebs zur Tafel.

Mache Fasch wie zur Kastrol-Pastete, schneid Oblaten, bestreiche sie mit Eyerklar, fülle die Fasch hinein, roll sie zusammen, leg sie an End übereinander, dunke sie in ein Ey, walze sie in Semelbrösel, back sie in Schmalz, gieb sie zur Tafel.

Hasche-Mandeln

Mach Fasch wie zum Knöderln, schmiere die Wandel mit Butter, bestreue sie mit Semelbrösel, fülle die Fasch hinein, nicht gar zu voll, sied sie in Dunst, dann thu sie in die Suppe; laß sie sieden, bis sie recht auflaufen; gibs zur Tafel.

Eingemachte Kälberohren

Siede die Ohren in der Suppe recht weich, dann thue sie auf ein Teller, salze sie; dan mach eine Einmachsoß mit Glas wie zum eingemachten Lämernen, thue sie darüber und gieb sie so zu der Tafel.

Mache Hasch wie zum [illegible] schneid Oblaten, bestreiche sie mit Eyerklar, fülle das Hasch hinein, roll sie zusammen, leg sie an Ende übereinander, drucke sie in ein Ey, walze sie in Semmelbrösel, bach sie in Schmalz gieb sie zur Tafel.

Hasche Mandeln. 3

Mach Hasch wie zum [illegible], schmiere die Mandel mit Butter, bestreue sie mit Semmelbrösel, fülle die Hasch hinein nicht gar zu voll, sind sie in [illegible], dann thue sie in die Suppe, lass sie sieden bis sie recht aufschwellen, gieb zur Tafel.

3 Eingemachte Kälberohren.

Siede die Ohren in der Suppe recht weich, dann thue sie auf ein Teller, salze sie, dann mache einen Einmachsoß mit [illegible] wie zum eingemachten Lämmernen thue sie darein und gieb sie so zu der Tafel.

Mandel Strudel.

Nim ungefähr 8 Eßlöffel voll Mehl, ein ganzes Ey, mache Milchlau ein Stuk butter darein, mache den teig damit hübsch locker an, lasse ihn eine halbe Stunde rasten, ziehe ihn aus. Die Füll mache so: treibe butter ab, stosse Mandeln, treibe sie darunter, dan die Eyerdottern, Zucker, Zimet und Limonischalen nach belieben, auch ein wenig Rahm, schlag Schnee von der Klar, rühre ihn darein, streich die Füll auf den teig, rolle ihn zusammen, schmiere einen Rein mit butter, oben und unten Glut, lasse sie so eine Zeitlang backen, dan schütte immer ein wenig Milch daran, gieb sie auf die Schüssel, zuker sie, gieb sie zur tafel.

Gebackene Teufel Spalten.

thue Mehl in ein Weidling, schlag ein Ey daran, mach Milch mit butter siedend, mache das Mehl damit gut ab, rühre dan ein paar Eyer daran-ter, salze ihn ein wenig, schneide Semmel Spalterl, dunk sie in den teig, bach sie im Schmalz heraus, gieb sie warm auf die tafel.

Mandel-Strudel

Nimm ohngefähr 8 Eßlöffel voll Mehl, ein ganzes Ey, mache Milch lau, ein Stück Butter darein; mache den Taig damit hübsch locker an; lasse ihn eine halbe Stunde rasten; ziehe ihn aus. Die Füll mache so: treibe Butter ab, stosse Mandeln, treibe sie darunter, dann die Eyerdötter, Zucker, Zimmet und Weinberl nach Belieben, auch ein wenig Ram; schlag Schnee von der Klar, rühre ihn darein, streich die Füll auf den Taig, rolle ihn zusammen, schmiere eine Rein mit Butter, oben und unten Glut, laß sie so eine Zeitlang backen; dann schütte immer ein wenig Milch daran, gieb sie auf die Schüssel, zuckre sie; gieb sie zur Tafel.

Gebackene Aepfel-Spalten

Thu Mehl in ein Weidling, schlag ein Ey daran, mach Milch mit Butter siedend, mache das Mehl damit gut ab, rühre dann ein paar Eyer darunter, salze ihn ein wenig, schneide Aepfel-Spaltel, dunk sie in den Taig, back sie in Schmalz heraus; gieb sie warm auf die Tafel.

Regenwürm

Nimm 6 starke Eßlöffel voll Mehl, schlag ein Ey darein, zerlasse ein Stück Butter, thu Milch in den Butter, mach sie lau, salz das Mehl etwas und mach den Taig mit der Milch hübsch weich an und recht lokker und gut ab, mache dann die Regenwürm davon, staub aber das Bret ja nicht, sonst kann man keine Würm machen; mach Milch in einer Rein siedend, thu die Regenwürm darein, dünste sie so gut aus, zuckre sie; gieb sie zur Tafel; oben keine Glut.

Pomeranzen-Krem

Nimm 2 starke Eßlöffel voll Mehl, rühre es mit 5 Eyerdötter gut ab, verdünne es mit 1 Seitel Milch oder Obers, treib Zucker an einen Pomeranzen ab, thue ihn darein, lasse es dann auf der Glut unter beständigen Rühren recht dick werden; drücke dann den halben Pomeranzen darein, thue ihn in die Becherl oder auf ein Teller, ziere ihn mit Pistazen, laß ihn recht kalt werden; gieb ihn auf die Tafel.

Eyerschwämm.

Nim 6 starke Eßlöffel voll Mehl, schlag
ein Ey darein, zerlaß ein Stück butter
thu Milch in den butter, mach sie lau,
salz das Mehl etwas und mach den taig
mit der Milch hübsch weich an, und rühr
ihn gut ab, mach den die Eyschwä=
mmen davon, stark über das bret zu müst,
sonst kann man keine Schwämm machen,
mach Milch in einer Rein sieden und thu
die Eyschwämmen darein, dünste sie so
gut aus, zuckere sie, gieb sie zur Tafel
oder kleiner Schüssel.

Pomeranzen Krem.

Nim 2 starke Eßlöffel voll Mehl, rühre es
mit 5 Eyerdötter gut ab, verdünne es mit
1 Seitel Milch oder Obers, reib Zucker an
einer Pomeranzen ab, thu ihn darein,
lasse es dann auf der Glut unter bestän=
digen rühren recht dick werden, drücke
dann den halben Pomeranzen darein,
thu ihn in die Kachel oder auf einen teller,
ziere ihn mit Pistazien, laß ihn recht kalt
werden, gieb ihn auf die Tafel.

132.) Gefüllte Eyer.

Siede 3 Eyer hart, schäle sie, schneide
sie nach länge voneinander, thu den
Dotter in ein Weidling und das
Weiße auf ein blechernes Schüsserl,
weiche um ein xr. Semmel in ein
halb Seitel Milch, thu sie zum Dotter
und ein Stück butter auch, treibe
alles gut ab, salze es, fülle die
Eyer Schalen wieder damit, thue in
das übrige die Milch, rühre es gut
unter einander, schütte es über die
Eyer oben und unten Glut und lasse sie
aufbachen, gieb zur Tafel.

Aufgelauffenes Rindskoch.

Rühre 3 starke Eßlöffel voll Mehl
mit 1 Seitel Milch gut ab, lasse es auf
der Glut unter beständigem rühren
recht dick werden, thu es in einen
Weidling, lasse es auskühlen, treibe
mit einem Stück Butter gut ab, dann
nimm 4 Eyerdotter und ein ganzes
Ey, treibe es stark damit ab, Zucker
und Zimmet nach belieben, schlag Schnee

Gefüllte Eyer

Siede 3 Eyer hart, schäle sie, schneide sie nach längst voneinander, thue den Dotter in ein Weidling und das Weiße auf ein blechernes Schüsserl; weiche um ein Kreuzer Semel in ein halb Seitel Milch, thu sie zum Dotter und ein Stück Butter auch; treibe alles gut ab, salze es, fülle die Eyer-Spalten etwas damit, thue an das Übrige die Milch, rühre es gut untereinander, schütte es über die Eyer, oben und unten Glut und so auskochen; gibs zur Tafel.

Aufgelaufenes Kindskoch

Rühre 3 starke Eßlöffel voll Mehl mit 1 Seitel Milch gut ab, laß es auf der Glut unter beständigen Rühren recht dick werden; thu es in einen Weidling, lasse es auskühlen, treibe mit einen Stück Butter gut ab; dann nimm 4 Eyerdötter und ein ganzes Ey, treibe es stark damit ab, Zucker und Zimet nach Belieben, schlag Schnee …

… von der Klar, rühr ihn langsam darein, schmier ein Kastrol oder Rein mit Butter, thue das Koch darein, back es in Backofen, bestreu es mit Zucker und gibs zur Tafel

Pomeranzen-Koch

Nim auf 5 Eyer 5 halbe Kochlöffel voll Mehl, rühre es fein ab, verdünne es mit einen Seitel Obers, lasse es auf der Glut unter beständigen Rühren dick werden; drucke von einen Pomeranzen den Saft daran, reibe den Pomeranzen eher an Zucker ab, thue jetzt den Zucker daran, zuckre es übrigens nach Belieben, lasse es gut verkochen; gibs zur Tafel.

Pomeranzen-Sulz

Nim 2 von den schönsten Pomeranzen, schneide sie mitten voneinander, höhle sie inwendig ganz aus, gieb acht, daß kein Loch in die Schale kommt, zerdrucke den Saft in einen Suppentopf gut, thue ein Seitel Wein darein und ein Seitel Wasser, 2 Lemoni und ein gutes halb Pfund Zucker, lasse es stark sieden, …

vor der Thür, rühr es langsam darein
schmier ein Kastrol oder Rein mit
Butter, thue das Koch darein, backe es in
Backofen, bestreu es mit Zucker und
gibs zur Tafel.

Pomeranzen Koch.

Nimm auf 5 Eyer 5 halbe Kochlöffel voll
Mehl, rühre es schön ab, verdünne es mit
einem Viertel Obers, lasse es auf der
Glut unter beständigem rühren dick
werden, nimm von einer Pomeranzen
den Saft darein, reibe den Pomeranzen
schäler an Zucker ab, thue jetzt den Zucker
darein, zuckere es übrigens nach belieben, lasse es gut verkochen, gibs zur Tafel.

Pomeranzen Sulz.

Nimm 2 von den schönsten Pomeranzen,
schneide sie mitten voneinander,
höhle sie inwendig ganz aus, gieb
acht, daß kein Loch in die Schale kommt,
zerdrücke den Saft in einem Tiegeltopf,
gut, thue ein Viertel Wein darein und
ein Viertel Wasser, 2 Limoni und ein
gutes halb ₰ Zucker, lasse es stark sieden

134. seige es durch ein Tuch, siede 2 Loth Hausenblattern, seige sie, thue sie darein, rühre sie gut untereinander, schütte sie in eine Casserol oder in einen andern Model, stelle sie ins Eis, lasse sie kalt werden, mache Wasser siedend, stosse das Casserol geschwind hinein, stürze sie auf ein Teller, ziere sie mit Lemonien, gibs zur Tafel.

Heiß abgesottener Hechten

Nim halb Essig und halb Wasser, viel Zwiebel, gelbe Rüben, Zeller und Petersilkraut, salze es stark, lasse den Fisch darin stark sieden und decke das Casserol mit Tücher fleissig zu, so wird es schön blau, lasse ihn so lange sieden bis die Schuppen heraus stehen, dann [illegible] zerlassen und gebe ihn zur Tafel.

Grünes Gras.

Stosse Spinat recht klein, thue ihn in ein wenig Wasser, lasse ihn ein paar Waller aufthun, seige ihn durch ein Sieb, da

… seige es durch ein Tuch, siede 2 Loth Hausenblatter, seige sie, thue sie darein, rühre sie gut untereinander, schütte sie in ein Kastrol oder in einen andern Model, stelle sie ins Eis, lasse sie fest werden, mache Wasser siedend, stosse das Kastrol geschwind hinein, stürze sie auf den Teller, ziere sie nach Belieben; gibs zur Tafel.

Heißabgesottener Hechten

Nimm halb Essig und halb Wasser, viel Zwiebel, gelbe Ruben, Zeller und Kuttelkraut, salze es stark, lasse den Fisch darin stark sieden und decke das Kastrol mit Zucker-Papier zu, so wird es schön blau; lasse ihn solange sieden, bis die Schüppen herausstehen, dann richte ihn zierlich an und gieb ihn zur Tafel.

Grünes Gras

Stoße Spinat recht fein, thue in in ein wenig Wasser, lasse ihn ein paar Waller aufthun, seige ihn durch ein Sieb, da …

… bleibt der Topfen davon auf den Sieb, nimm den Topfen und mache von Mehl, Eyer und den Topfen einen festen Taig an, walche ihn gut aus und fein, schneide feine Nuderl, backe sie sehr jäh in Schmalz heraus; ziere sie, mit was du willst.

Brod-Torten

Nimm einen Vierting Mandeln, stosse sie fein ungeschwellt, einen starken Vierting gestossenen Zucker, etwas fein geschnittene Lemoni-Schäler und 8 Eyerdötter, auch 2 ganze Eyer; thue alles in ein Weidling und rühre es eine starke halbe Stund; reib Brod auf den Riebeisen, thue es in ein Pfandel und rühr es auf der Glut, bis es braun wird, feuchte es mit rothen Wein an; thue soviel in das gerührte, bis stark wird; rühre es gut untereinander, thue etwas Zimet darein; schlag die Klar von den 8 Eyern zum Schnee, rühre ihn darein; schmiere den Model, in den du die Torte thust, mit Butter, schütte sie hinein, back sie in Backofen schön, streu Zucker darauf; dann zur Tafel.

bleibt der Topfen davon auf dem Sieb, nim den Topfen und mache von Mehl Eyer und den Topfen einen festen Taig an, welchen treib gut aus und klein schneide kleine Nudel, backe sie sehr jäh in Schmalz heraus, ziere sie mit was du willst.

Brod Torten.

Nim einen Vierting Mandeln, stoße sie klein ungeschählt, einen starken Vierting gestossenen Zucker, etwas klein geschnittene Lemoni Schäler und 8 Eyerdötter auch 2 ganze Eyer, thue alles in ein Weidling und rühre es eine starke halbe Stund, reib Brod auf dem Reibeisen, thue es in ein Pfandel und rühre es auf der Glut bis es braun wird, sprenge es mit rothen Wein an, thue soviel in das gerührte bis es recht [?] wird, rühre es gut untereinander, thue etwas Zimet darein, schlag die Klar von den 8 Eyern zum Schnee, rühre ihn darein, schmiere den Model inwendig die Torte Schüssel [?] mit butter, schütte sie hinein, back sie in Backofen schön, streue Zucker darauf, dan zur Tafel.

136

Biscuit Bögen:

Treibe einen Vierting Zucker recht fein, siebe ihn durch ein Sieb, schlage, thue ihn in einen Weidling, schlage 6 Eyerdötter darein, rühre es drey Viertel Stund, dann thue ein kleines Löfferl Mehl darein, schlag von den Klar einen Schnee, rühre ihn lang-sam darein, schmiere das Blattel mit Butter, streiche den Taig nicht gar zu dick darauf, back ihn im Ofen, wenn er gelb ist so schneid ihn mit dem Muster, löse ihn herab, rolle ihn über einen Löffelstiel, leg die Bögen auf ein Teller, bestreue sie mit Zucker, gib zur Tafel.

Gebackenes Hirn.

Wasch das Hirn aus, siede es weich in Wasser, thue es heraus, gib acht daß du es nicht zerbrichst, salze es, melbe es dick ein, walze es in einem Ey, be-streue es mit Semmelbröseln, back es in Schmalz heraus, gib acht daß es gut ausgebacken ist, richt es auf ein Teller und gib es warmer zur Tafel.

Biscuit-Bögen

Stosse einen Vierting Zucker recht fein, siebe ihn durch ein Sieb, thue ihn in einen Weidling, schlage 6 Eyerdötter darein, rühre es drey Viertel Stund, dann thue ein kleines Löfferl Mehl darein, schlag von der Klar einen Schnee, rühre ihn langsam darein, schmier das Blattel mit Butter, streiche den Taig nicht gar zu dick darauf, back ihn in Ofen; wenn er gelb ist, so schneide ihn mit dem Messer; löse ihn herab, rolle ihn über einen Besenstiel, leg die Bögen auf ein Teller, bestreue sie mit Zucker; gibs zur Tafel.

Gebacknes Hirn

Wasch das Hirn aus, siede es weich in Wasser, thu es heraus; gib acht, daß du es nicht zerbrichst; salze es, melbe es dick ein, walze es in ein Ey, bestreue es mit Semelbrösel, back es in Schmalz heraus; gib acht, daß es gut ausgebacken ist; richt es auf ein Teller und gibs warmer zur Tafel.

Blanschirte Eyer

Mache Wasser in einer Pfann siedend, schlag ein ganzes Ey auf ein Löffel; gib acht, daß es ganz bleibt; lege es ins siedende Wasser, laß es hübsch hart sieden, nimm es mit dem Löffel heraus, leg es ins kalte Wasser, dann auf die Zuspeiß, so eins nach dem andern.

Gebackenen Kälberfuß

Sied den Kälberfuß in der Suppe schön weich, thue ihn heraus, putze ihn sauber, schneid kleine Stück, salze ihn, melbe ihn ein, dunke ihn in ein aufgeschlagenes Ey, walze ihn in Semelbrösel, back ihn in Schmalz schön braun; gib ihn zur Tafel; so macht man auch das gebackene Hirn.

Aufgelaufenes Pomeranzen-Koch

Nimm auf 2 Löffel Mehl 5 Eyerdötter, rühre sie mit dem Mehl fein ab, dann verdünne es mit einen Seitel Obers, laß es auf der Glut unter beständigen Rühren dick werden, thue es in ein Weidling, laß es auskühlen, treib ...

Blanschirte Eyer.

Mache Wasser in einem Pfan siedend, schlag ein ganzes Ey auf ein Löffel, gib acht, daß es ganz bleibt, lege es in siedendes Wasser, laß es hübsch hart sieden, nimm es mit dem Löffel heraus, leg es in kaltes Wasser, dann auf die Zuspeiß, so eins nach dem andern.

Gebackenen Kälberfüß.

Wird den Kälberfuß in der Suppen schön weich, thue ihn heraus, putze ihn sauber, schneid kleine Theil, salze ihn, mehle ihn ein, dunke ihn in ein aufgeschlagenes Ey, walze ihn in Semmelbrösel, backe ihn in Schmalz schön braun, gib ihn zur Tafel, so macht man auch das gebackene Hirn.

Aufgelaufenes Pomeranzen Koch.

Nimm acht Löffel Mehl 5 Eyerdotter, rühre sie mit dem Mehl fein ab, dann verdünne es mit einem Seitel Obers, laß es auf der Glut unter beständigen rühren dick werden, thue es in ein Weidling, laß es auskühlen, treib

mit einem Stück Butter gut ab, schlage 2 Dotter und ein ganzes Ey nach darunter, verrühre sie gut, reib einen Pomeranzen an Zucker gut ab, thue ihn darunter, zuckere es übrigens nach Belieben, schlag von der 2 Eyer Schnee rühre ihn langsam darunter, schmiere ein Castrol mit Butter, bestreue es mit Semmelbröseln, thue das Koch hinein, back es eine halbe Stund im Ofen giebs zur Tafel.

Milch Suppe.

Mache ein Seitel Obers siedend, sprudle in ein Häfen 3 Eyerdotter mit dem Obers ab Zucker und Vanille nach Belieben, laß es bey dem Feuer ein wenig sieden, sprudle es immer, rühr es über Biscotten an und gieb zur Tafel.

Faschirte Hechten.

Schneide 3 Stück Eingeweid von Hechten, schabe sie schön und löse alle Gräten gut davon weg, dann thue das Fleisch in Mörser, stoße es, dann stoße ein 2 xr in Milch geweichte Semmel darunter,

… es mit einen Stück Butter gut ab, schlage 2 Dötter und ein ganzes Ey noch darunter, verrühre sie gut; reib einen Pomeranzen an Zucker gut ab, thue ihn darunter; zuckre es übrigens nach Belieben; schlag von der Klar Schnee, rühre ihn langsam darunter, schmier ein Kastrol mit Butter, bestreu es mit Semmelbrösel, thu das Koch hinein, back es eine halbe Stund in Ofen; giebs zur Tafel.

Milch-Suppe

Mach ein Seitel Obers siedend, sprüdle in ein Hefen 3 Eyerdötter mit dem Obers ab; Zucker und Vanille nach Belieben; laß bey dem Feuer ein wenig sieden, sprüdle es immer, rühr es über Bisgotten an und gibs zur Tafel.

Faschirte Hechten

Schneide 3 Stück fingerdick von Hechten, schabe sie fein und löse alle Graten gut davon weg, dann thue das Fleisch in Mörser, stosse es; dann stosse um 2 Kreuzer in Milch geweichte Semel darunter, …

… dann ein Stück Butter und ein Ey, salze sie, davon kann man Schlegerl oder Rollate, die müssen in Papier gerollt und so in Butter gedünst werden; dann thut man sie aus dem Papier und legt sie in eine braune Einmachsoß; auch Knödel kann man davon machen.

Eingemachte Frösch

Schneid von den Fröschen die Krampel und das Halsel weg, wasche sie aus, dünste sie mit Butter, gelbe Ruben und Zwiebel, salze sie; wenn sie gedünst sind, richte sie zierlich auf ein Schüsserl oder Teller, schütte eine Einmachsoß darüber; gibs zur Tafel.

Krebsen-Suppe

Backe ein Ey und 4 Schnitel Semel in Schmalz, stosse es dann fein, salze es und schütte ein groß Seitel warmes Wasser darauf; sprüdle es und laß es so sieden; dann löse von 3 schönen Krebsen die Füß und Schweif aus, stosse das Übrige klein zusammen, stosse auch ein Stück Butter darunter, …

dann ein Stück butter und ein Ey,
salze sie, davon kann man Schlegel oder
Rollat. die müssen in Papier gerollt
und so in butter gedünst werden, dan
thut man sie aus dem Papier und
legt sie in einen braunen Limonisoß,
auch Knödel kann man davon machen.

Eingemachte Krebs:

Schneid von den Größeren die Krempel
und das Zahlfleisch, wasche sie aus,
dünste sie mit butter, gelben Rüben
und Zwiebel, salze sie wan sie
gedünst sind, richte sie zierlich auf eine
Schüssel oder Teller, schütte einen
Limonischoß darüber, gibs zur tafel.

Erbsen Suppe: 2

Backe ein Ey und 4 Schnittl Semmel in
Schmalz, stosse es dann klein, salze es
und schütte ein groß Seitel warmes
Wasser darauf, schwinde es und lass
es so sieden, dann löse von 3 schönen
Krebsen die Füß und Schweif aus,
stosse das übrige klein zusammen,
stosse auch ein Stück butter darunter

wann es klein gestossen ist, so thue
in eine Pfandl noch ein Stück butter
und das Gestossene, lasse es auf der
Glut unter beständigen rühren dünsten bis roth wird, dann treibe es
durch ein Tuch, das ist der Krebsbutter,
das Gestossene thue dann in die Suppe
und lasse sie aufsieden, schmälze sie
etwas mit Krebsbutter, thue in
Suppentopf geschnitzte Semmel und die
Krebsschweifel, richte die Suppe darüber an gibs zur Tafel.

Eyer fleckel Nudel.

Mache Eyerfleckel, schneide Nudel davon, schmiere ein blechernes Schüssel mit
butter, thue die Nudel darauf, sprudle
2 ganze Eyer mit einen halben Seitel
Rahm gut ab, salze sie, schütte es über
die Nudel, lasse es aufbacken und
gibs zur Tafel.

Gebackene Erbsen.

Mache einen Eyerfleckel teig, mach Schmalz
heiss, lasse den teig durch ein Nudelreitel

... wenn es klein gestossen ist, so thue in ein Pfandel noch ein Stück Butter und das Gestossene; lasse es auf der Glut unter beständigen Rühren dünsten, bis roth wird; dann seige es durch ein Sieb, das ist der Krebsbutter; das Gestossene thue dann in die Suppe und lasse sie so versieden, färbe sie etwas mit Krebsbutter, thue in Suppentopf gepfarzte Semel und die Krebsschweiferl, richte die Suppe darüber an; giebs zur Tafel.

Eyer-Fleckel-Nudel

Mach Eyerfleckerl, schneide Nudel davon, schmiere ein blechernes Schüsserl mit Butter, thue die Nudel darauf, sprüdle 2 ganze Eyer mit einen halben Seitel Ram gut ab, salze sie, schütte es über die Nudel; laß es so backen und gibs zur Tafel.

Gebackene Erbsen

Mach einen Eyerfleckel-Taig, mach Schmalz heiß, lass den Taig durch ein Nudelreiterl ...

… hineintropfen, back die Erbsen so heraus, thue sie in Suppentopf, richt die Suppe darüber an.

Eingemachte Frösch

Sied die Frösch in Wasser, salze sie, thue sie heraus, richte sie auf ein Schüsserl, schütte eine Buttersoß darüber; gibs zur Tafel.

Braune Einmachsoß zum Fisch

Mach eine braune Einbrenn mit Zwiebel und Kuttelkraut, verdünne sie mit Wasser, Essig und Salz nach Belieben; laß sie so versieden, richte sie über den Fisch an; gibs zur Tafel.

Aufgelaufenes Lemoni-Koch

Mach von 2 starken Löffel voll Mehl ein Kindskoch, lasse es auskühlen, treibe ein Stück Butter damit ab, dann 4 Eyerdötter und ein ganzes; reib einen Lemoni an Zucker ab, thue den Zucker hinein; übrigens Zucker nach Belieben; etwas Vanille, schlage Schnee von der Klar, rühre ihn langsam darein, …

hinein trocknen, back die Krebsen schön mürb thue sie in Suppentopf, richt die Suppe darüber an.

Eingemachte Frösch:

Siede die Fröschen in Wasser, salze sie, thue sie heraus, richte sie auf eine Schüssel, schütte einen Buttersoß darüber, gibs zur Tafel.

Braune Limonadsoß zum Fisch: 3

Mach eine braune Einbrenn mit Zwiebel und Petersilkraut, verdünne sie mit Wasser, Essig und Salz nach Belieben, lass sie so versieden, richte sie über den Fischen, gibs zur Tafel.

3 Aufgelaufenes Lemoni Koch:

Mach von 2 starken Löffel voll Mehl ein Kindskoch, lasse es auskühlen, treibe ein Stück Butter damit ab, dann 4 Eyer dotter und ein ganzes, reib einen Lemoni an Zucker ab, thue den Zucker hinein, übrigen Zucker nach Belieben etwas Vanilla, schlage Schnee von den Klar, rühre ihn langsam darein,

142.) schmiere ein Castrol mit butter, be-
streue es mit Semmelbröseln thu das
Koch hinein, backe es, bestreue es mit
Zucker, gib es zur Tafel.

Hasen Baiz.

Wasche den Hasen aus, salze ihn stark
ein, schütte halb Wasser und halb
Essig darauf daß es darüber geht,
dan Zwiebel, gelbe Rüben, Zeller,
Quendelkraut und Lorbeerblätter,
decke ihn zu, schwere ihn mit einem
Stein in Boden, stelle ihn in
Keller und lasse ihn so 3. 4 tage
stehen.

Einmach Haß.

Die
häutle den Hasen gut ab, dünste
ihn in Wasser und Zwiebel, mach
eine braune Einbrenn mit Zwiebel
thue Suppen, grün Petersil und
Gewürznegel daran, thue sie über
den Hasen, rühre sie mit Suppe,
säure sie, salz es nach belieben, und
lasse ihn so versieden.

… schmier ein Kastrol mit Butter, bestreue es mit Semelbrösel, thu das Koch hinein, backe es, bestreu es mit Zucker; gibs zur Tafel.

Hasen-Baiz

Wasche den Hasen aus, salze ihn stark ein, schütte halbs Wasser und halbs Essig darauf, daß es darüber geht, dann Zwiebel, gelbe Ruben, Zeller, Kuttelkraut und Lorbeerblätter, decke ihn zu, schwer ihn mit einen Stein in Sommer, stelle ihn in Keller und lasse ihn so 3, 4 Tage stehen.

Einmachsoß

Häutle den Hasen gut ab, dünste ihn in Wasser und Zwiebel, mach eine braune Einbrenn mit Zwiebel, thue Kappern, grün Petersill und Gewürznagerl daran, thue sie über den Hasen, verdünne sie mit Suppe, säure sie, salzen nach Belieben, und lasse ihn so versieden.

Schnepfen

Thue das Koth gut heraus, schneide es klein, schneid etwas Zwiebel mit Petersill klein, zerlasse ein Stückel Butter in ein Kastrol, lasse den Zwiebel und Petersill darin abdünsten, dann das Koth; hernach staube es mit Mehl, verdünne es etwas mit Suppe, salze es, streiche es auf gebähte Semelschnitten, binde den Schnepfen mit Speck ein, laß ihn so mit etwas Suppe dünsten, thu ihn auf ein Teller, leg das Koth herum und gibs zur Tafel.

Gebrente Zucker-Becherl

Siede den Zucker in Wasser braunlicht, schütte 3 Becherl Wasser daran, thue in ein Häferl 8 Eyerdötter, sprüdle sie, sprüdle auch das Wasser mit den Zucker hinein, fülle es in die Becherl, mache in einer Rein Wasser siedend, stelle die Becherl hinein, laß das Wasser langsam sieden, bis die Becherl dick sind; stelle sie in kaltes Wasser, laß sie kalt werden; gibs zur Tafel.

Schnepfen:

Thue das Koth gut heraus, schneide es klein, schneide etwas Zwiebel mit Petersil klein, zerlasse ein Bitzel Butter in ein Dyschel, lasse den Zwiebel und Petersil darin abdünsten, dann das Koth hernach, staube es mit Mehl, verdünne es etwas mit Suppe, salze es, streiche es auf gebähte Semmelschnitten, binde den Schnepfen mit Speckhaut, lass sie so mit etwas Suppe dünsten, thue sie auf ein Teller, leg das Koth herum und gibs zur Tafel.

Gebrennte Zucker Becherl:

Siede den Zucker im Wasser bräunlicht, schütte 3 Becherl Wasser daran, thue in ein Häfnerl 8 Eyerdottern, sprudle sie, sprudle auch das Wasser mit dem Zucker hinein, fülle es in die Becherl, mache in einer Rein Wasser siedend, stelle die Becherl hinein, lass das Wasser langsam sieden bis die Becherl dick sind, stelle sie in kaltes Wasser, lass sie kalt werden, gibs zur Tafel.

Aepfel Charlote.

Schmiere ein Castrol recht dick mit Butter, schneide lange Semmelschnitten
als das Castrol hoch ist, belege es
recht mit den Semmelschnitten, schneide
Aepfel klein mit Weinbeerl, Zibeben,
Zucker und Zimmt nach belieben,
fülle die Aepfel in das Castrol, deck
es wieder mit Semmelschnitten zu, bak
es so, stürze es auf ein Teller, bestreu
es mit Zucker, gibs zur Tafel.

3 Krem über Rindfleisch.

Rühre ein Löfferl Mehl mit einem
ganzen Ey und einem Dotter gut ab,
thue ein halbe Seitel Milchraum daran,
salze es, ein wenig Schäle von
einer Limoni den Saft daran,
laß es so auf der Glut unter beständigem rühren dick werden, schütt
es dann über das Fleisch und bak es so.

3 Geschlagenes Aepfel Koch.

Brate 5 kleine Maschanzker Aepfel,
schäle sie, thue Kern und Stingel
heraus, thue sie in ein Weidling

Aepfel-Charlote

Schmier ein Kastrol recht dick mit Butter, schneide lange Semelschnitten, als das Kastrol hoch ist; belege es fest mit die Semelschnitten, dünste Äpfel klein mit Weinberl, Zibeben, Zucker und Zimmet nach Belieben; fülle die Aepfel in das Kastrol, deck es wieder mit Semelschnitten zu, back es so, stürze es auf ein Teller, bestreu es mit Zucker; gibs zur Tafel.

Krem über Rindfleisch

Rühre ein Löferl Mehl mit einen ganzen Ey und einen Dotter gut ab, thue ein halbs Seitel Milchram daran, salze es, ein wenig drucke von einer Lemoni den Saft daran, laß es so auf der Glut unter beständigen Rühren dick werden, schütt es dann über das Fleisch und back es so.

Geschlagenes Aepfel-Koch

Brate 5 kleine Maschanzker Aepfel, schäle sie, thue Kern und Stingel heraus, thue sie in ein Weidling, …

… lasse sie auskühlen; dann zuckre sie stark, schlag von 3 Eyern die Klar zu einen festen Schnee, thue ihn daran; rühre es solang, bis recht dick wird; dann mach auf einen Torten-Blatel einen Thurn davon, back es jäh in Backofen, streue Zucker darauf, gibs auf ein Teller samt dem Blatel und so gibs zur Tafel.

Pomeranzen-Koch mit Semel

Thue um 2 Kreuzer milchgeweichte Semel samt der Milch in ein Pfandel, druck von einer Pomeranzen den Saft hinein, reib eher Zukker an Pomeranzen ab, thue ihn hinein und noch ein Stück Zucker; dann lasse es auf der Glut unter beständigen Rühren recht gut verkochen, thue es in ein Weidling, lasse es auskühlen, treib es mit einen Stück Butter gut ab; dann nimm 4 Eyerdötter und ein ganzes; verrühre sie, Zucker nach Belieben, schlag von der Klar einen Schnee, rühre ihn langsam darein, schmier ein Kastrol mit Butter, …

lasse sie ausküehlen, dann zucker sie
stark, schlag von 3 Eyern die Klar zu
einem festen Schnee, thue sie darein
rühre es schön bis recht dick wird,
dann mache auf einen Tortenblatel
einen Schein davon, back es schön in
Backofen, streue Zucker darauf, gib
auf ein Teller sammt dem Blatel
~~und~~ so gibs zur Tafel.

Pomeranzen Koch mit Semel: B

Thue einen 2 kr. Milchgewaichte Semel
sammt der Milch in ein Pfandel, dann
von einer Pomeranzen den Saft hinein
reib ehe Zucker an Pomeranzen ab
thue ihn hinein und noch ein Stück
Zucker, dann lasse es auf der Glut
unter beständigen rühren recht gut
verkochen, thue es in ein Weidling,
lasse es ausküehlen, treib es mit einem Stück Butter gut ab, dann ein
4 Eyerdötter und ein ganzes, verrühre
sie, Zucker nach Belieben, schlag von der
Klar einen Schnee, rühre ihn langsam
darein, schmiere ein Kastrol mit Butter,

bestreue es mit Semmelbröseln, thue
das Dotter hinein, backe es in der Tortenpfanne
stürze es auf ein Teller, bestreue es
mit Zucker, gib es zur Tafel.

Mandel Kren.

Rühre ein Löffel voll Mehl mit
einem halben Seitel Obers gut ab,
thue eine Handvoll geschwellte
und klein geschnittene Mandeln
hinein, laß es auf der Glut unter
beständigem rühren dick werden,
reibe Kren, thue auch Zucker
hinein, laß ihn noch ein klein wenig
kochen, hernach gib ihn zum Fleisch.

Milchram Strudel.

Mache Mehl mit Eyer und Milchram
weichen und fein ab, salze es, dann
lasse den Teig eine Stund rasten, ziehe
ihn aus, bespritze ihn mit zerlassenen Butter, streue feine Semmelbröseln darauf, dann Weinbeer und
Zibeben, dann sprudle ein Seitel Milchram mit einem ganzen Ey und

... bestreue es mit Semelbrösel, thue das Koch hinein, backe es in Backofen, stürze es auf ein Teller, bestreu es mit Zucker; gibs zur Tafel.

Mandel-Gren

Rühre ein Löffel voll Mehl mit einen halben Seitel Obers gut ab, thue eine Handvoll geschwellte und klein gestossene Mandeln hinein, laß es auf der Glut unter beständigen Rühren dick werden, reibe Gren, thue nach Belieben hinein, laß ihn noch ein klein wenig kochen, hernach gib ihn zum Fleisch.

Milchram-Strudel

Mache Mehl mit Eyer und Milch recht weich an und fein ab, salz es, dann lasse den Taig eine Stund rasten, ziehe ihn aus, bespritze ihn mit zerlassenen Butter, streue feine Semelbrösel darauf, dann Weinberl und Zibeben, dann sprüdle ein Seitel Milchram mit einen ganzen Ey und ...

… einen Dotter ab, salze ihn ein wenig, gieß ihn so über den Taig, dann rolle ihn zusamen, streiche eine Rein stark mit Butter, leg die Strudel darein, gieß Milch darauf; back sie so, richte sie an, bestreue sie mit Zucker und gibs zur Tafel.

Margeron-Pasteten

Siede die Margeron recht weich, schwabe sie mit kalten Wasser ab, schlage sie mit Butter ab, salze sie, thu Milchram und Fad daran, fülle sie so in die Pastete in ein Kastrol.

Spargel zuzubereiten

Bind den Spargel fest zusammen, stürze ihn in ein Häferl mit Wasser, daß das Wasser just darüber geht; salze das Wasser, lasse ihn recht weich sieden, thue ihn heraus, binde ihn voneinander, richt ihn zierlich auf eine Schüssel, bestreue ihn mit fein Semelbröseln, brenne Butter darüber, gib ihn zur Tafel.

einem Dotter ab, salze ihn ein wenig, giess ihn so über den Teig, den rolle ihn zusammen, streiche einen Rein stark mit Butter, leg die Strudel darein, giess Milch darauf, back sie so, richte sie an, bestreue sie mit Zucker und gebs zur Tafel.

Margeron-Pasteten.

Siede die Margeron recht weich, schwemme sie mit kalten Wasser ab, schlage sie mit Butter ab, salze sie, thue Milchram und Brod daran, fülle sie so in die Pa-steten in ein Casserol.

Spargel zuzubereiten.

Bind den Spargel erst zusammen, stürze ihn in einen Kessel mit Wasser, dass das Wasser just darüber geht, salze das Wasser, lasse ihn recht weich sieden, thue ihn heraus, binde ihn von einander, richte ihn zierlich auf eine Schüssel, bestreue ihn mit feinen Semmelbröseln, brenne Butter darüber, gebe ihn zur Tafel.

148. **Mandel Bögen.**

Stoß 1/2 lb Mandeln und 3 lb Zucker sehr fein zusammen, gieb es in ein Reindl gieb von ein Lemoni die Schäler klein geschnitten dazu, schlag von 4 Eyern die Klar daran, rühre es durch-einander, stelle es auf die Glut und rühre es auf der Glut so lang bis der Löffel stecken bleibt, her-nach gib es von der Glut weg, schneid von Oblat die Bögen, streich es gün-ge dick darauf, mache Schnid darauf schneide die Bögen mit Klach, legt darauf und back es semmelfarb, hernach mach ein Eis darauf aber sehr dick und in die Schnid so sehr Zuckerln darauf nach Belieben.

Junge Frau

Mark Knödel [illegible]

Weiche ein Kreuzer Semmel in Milch, drück sie gut aus, thue sie in ein Weidling, treib sie mit ein Vierl Mark gut ab, schlag 2 ganze Eyer daran, salz sie, mach sie mit Semmelbröseln so stark als nothwendig.

Mandel-Bögen

Stoß 1/2 Pfund Mandeln und 1/2 Pfund Zucker sehr fein zusammen, gieb es in ein Reindl, gieb von ein Lemoni die Schäler kleingeschnitten dazu, schlag von 4 Eyern die Klar darauf, rühre es durcheinander, stelle es auf die Glut und rühre es auf der Glut solang, bis der Löffel stecken bleibt; hernach gib es von der Glut weg, schneid von Oblat die Bögen, streich es fingerdick darauf, mache Schnid darauf, schmier die Bögen mit Wachs, legs darauf und back es semelhart; hernach mach ein Eis darauf, aber sehr dick, und in die Schnid so hohe Zapfeln darauf nach Belieben.

Mark-Gnöderl

Junge Frau Janschky*

Weike ein Kreuzer-Semel in Milch, drucke sie gut aus, thue sie in ein Weidling, treib sie mit ein Stück Mark gut ab, schlag 2 ganze Eyer darauf, salze sie, mach sie mit Semelbrösel so fest als nothwendig.

* Die Namensnennung ist wohl ein Hinweis auf die Person, die dieses Rezept dem Schreiber mitgeteilt hat.

Vanille-Butter

Mach ein Kindskoch, laß es kalt werden, treibe es mit hübsch viel frischen Butter eine Stunde ab; dann thue Zucker und Vanille nach Belieben darunter, stelle ihn auf ein Eis, richt ihn auf ein Teller wie einen Thurm, besteck ihn mit Hollhippen; gieb ihn zur Tafel.

Eingerührtes

Sprüdle die Eyer ganz mit etwas Milch, salze sie, lasse in ein messinges Pfandel Butter heiß werden, schütte es hinein, lasse unter beständigen Rühren auf dem Feuer dick werden, aber nicht gar zu dick, schütte es auf ein Teller, dünste länglicht geschnittene Schambian in etwas Buttersoß ab, mache ein Kranz auf den Eingerührten davon, leg dazwischen Krebsschatteln, in der Mitte ein wenig Petersill und daneben zwey aufgestellte Krebsschatteln, gibs zur Tafel.

Schül

Binde den Schül mit Spagat rund, siede ihn …

Vanille Butter.

Nehm ein Rindskoch, laß es kalt werden, treibe es mit hübsch viel frischen Butter eine Stunde ab, dan thue Zucker und Vanille nach Belieben darunter, stelle ihn auf ein Eis, richt ihn auf ein Teller wie einen Thurm, bestreu ihn mit Hollhippen, gieb ihn zur Tafel.

Eingerührtes.

Sprudle die Eyer ganz mit etwas Milch, salze sie, lasse in eine messingne Pfandel Butter heiß werden, schütte es hinein, lasse unter beständigem rühren auf dem Feuer dick werden, aber nicht gar zu dick, schütte es auf ein Teller, dünste länglicht geschnittene Schwammerln in etwas Butter [illegible], mache ein Kranz auf den Eingerührten davon, lege dazwischen Krebsschweifel, in der Mitte ein wenig Petersill und darüber zwey ausgeschälte Krebsschweifeln, gieb es zur Tafel.

Schill.

Binde den Schill mit Spagat rund, siede ihn

in Salzwasser, ziehe die Haut davon
ab, richte ihn auf einen Schüssel, zieren
ihn und gieb ihn so zur Tafel.

Mehlspeis.

Nimm so viel Eyer du willst, schlag den
Klar zu Schaum, rühre ihn unter den
Dotter, zuckere ihn stark, back ihn in
Pfandel auf einer Seite, thue ihn
auf ein Teller, ziehe ihn auf dem
Glut auf, bestreue ihn mit Lebzelten
und Zucker, gieb zur Tafel.

Kardi zuzubereiten.

Sied den Kardi weich, richte ihn zierlich
auf einen Schüssel, salze ihn, bestreue
ihn mit feinen Semmelbröseln, brenn
Butter darüber gieb ihn zur Tafel.

Frische Gurken.

Schäle sie, schneide sie in rund Rädel
ein, dünste sie mit Butter, staube sie
ein wenig, verdünne sie mit Suppe, ein
wenig Eßig, Rahm, salze sie etwas,
laß sie gut verkochen, gib zum Fleisch.

… in Salzwasser, ziehe die Haut davon ab, richte ihn auf eine Schüssel, ziere ihn und gieb ihn so zur Tafel.

Mehlspeis

Nimm soviel Eyer du willst, schlag den Klar zu Schnee, rühre ihn unter die Dötter, zuckre ihn stark, back ihn in Pfandel auf einer Seite, thue ihn auf ein Teller, ziehe ihn auf der Glut auf, bestreu ihn mit Bisgotten und Zucker; gibs zur Tafel.

Kauli zuzubereiten

Sied den Kauli weich, richte ihn zierlich auf eine Schüssel, salze ihn, bestreue ihn mit feinen Semelbröseln, brenn Butter darüber, gieb ihn zur Tafel.

Frische Gurken

Schäle sie, schneide sie in ein Reindel ein, dünste sie mit Butter, staube sie ein wenig, verdünne sie mit Schü, Lemoni Saft, Ram, salze sie etwas, laß sie gut verkochen, gibs zum Fleisch.

Weichsel-Kuchen

Nimm 3/4 Pfund Schmalz, treib es pflaumig ab, dann rühr 2 Eyerguken Wasser darein, dann 6 ganze Eyer und 9 Dötter, eins nach dem andern, 12 Loth Zucker, 3/4 Pfund Mehl, von einer Lemoni die Schalen kleingeschnitten, 1 Pfund Weichsel, in allen muß es eine Stund gerührt werden.

auf eine andere Art

Nimm 1/4 Pfund Butter, 1/4 Pfund gestossene Mandeln, treib es mitsamen eine halbe Stund ab, nimm 9 Loh Zucker gefäht, 4 ganze Eyer und 4 Dötter, eins nach dem andern, von einer Lemoni die Schalen kleingeschnitten, auf die lezt 6 Loth Semelbröseln, 1 Pfund Weichseln; die Semel müssen rund seyn, die Rinde herabgeschnitten und 8 Tag abgebaken und gefäht, wenn sie gerieben; 3 Semeln.

Germ-Nudeln

4 Loth Schmalz treibe pflaumig ab, 1 ganzes Ey, 3 Dötter, 2 Löffel Germ, 1/2 Seitel Milch, 8 Loth Mehl, Salz, was recht ist; mach die Nudeln, thu sie in eine breite Rein, 1 Seitel Milch, ein Stückel Butter, oben und unten Glut.

Weichsel Kuchen:

Nim 3/4 ℔ Schmalz, treib es pflaumig ab, dan rühr 2 Eyerschallen Wasser darein, dan 6 ganze Eyer und 9 Dötter eins nach dem andern, 12 Loth Zucker, 3/4 ℔ Mehl von einer Lemoni die Schalen klein geschnitten, 1 ℔ Weichsel, in allen muß es eine Stund gerührt werden.

2 auf eine andere Art:

Nim 1/4 ℔ Butter 1/4 ℔ klein gestossene Mandeln, treib es mitsamen einen halben Stund ab, nim 9 Loth Zucker gesiebt, 4 ganze Eyer und 4 Dötter eins nach dem andern, von einer Lemoni die Schalen klein geschnitten, auf die lezt 6 Loth Semmelbröseln 1 ℔ Weichseln die Semmel muß schön weiß seyn, die Rinde herabgeschnitten und 8 Tag abgelegen und gestossen, wenn sie gerieben 3 Viertel

Germ Nudeln:

4 Loth Schmalz treibe pflaumig ab, 1 ganzes Ey 3 Dötter 2 Löffel Germ, 1/2 Seitel Milch, 8 Loth Mehl, salz wie recht ist, mach die Nudeln, thu sie in eine breite Rain, 1 Seitel Milch ein Stückel Butter oben und unten Glut.

Eyerdötter Torten:

1/2 ℔ Butter, 1/2 ℔ Mehl, 1/4 ℔ Mandeln, 1/4 ℔ Zucker, 8 harte Eyerdötter, von einer Lemoni die Schalen, die Mandeln klein geschnitten wie auch die Dötter, alles gut untereinander so ist es fertig.

Kobr Krapfen:

Nimm 10 Loth Mehl, reible 5 Loth Butter darunter, 2 xr Zimmt und Negel, dann sprüdle 4 Eyerdötter, 3 Eyergälben 2 klein, 2 Löffel voll Milchram untereinander, mach den Teig damit an, rädle 4 eckigte Fleckel, fülle sie binde mit Spagat über den Model, bach sie im Schmalz in Hafen, streu Zucker und Zimmt darauf.

Pauliner Lebzeltel.

Man mischt 1/2 ℔ Mehl, 1/2 ℔ Zucker und allerhand ganzes Gewürz mit Lemoni Schäller untereinander, macht mit Wein einen so festen Teig als ihr könnt an, walkt ihn Messerrücken dick aus, schneidt Fleckel daraus wie ein Tortenblatt, legt Mandeln darauf, wie die Torten Augen haben, schön braun gebacken.

Eyerdötter-Torten

1/2 Pfund Butter, 1/2 Pfund Mehl, 1/4 Pfund Mandeln, 1/4 Pfund Zucker, 8 harte Eyerdötter, von einer Lemoni die Schalen, die Mandeln kleingeschnitten wie auch die Dötter, alles gut untereinander; so ist es fertig.

Rohr-Krapfen

Nimm 10 Loth Mehl, reble 5 Loth Butter darunter, 2 Kreuzer Zimet und Nagel, dann sprüdle 4 Eyerdötter, 3 Eyerguken Wein, 2 Löffel voll Milchram untereinander; mach den Taig damit an, radle 4eckigte Fleckel, fülle sie, binde mit Spagat über den Model, back sie in Schmalz in Hafen, streu Zucker und Zimet darauf.

Pauliner Lebzeltel

Man mischt 1/2 Pfund Mehl, 1/2 Pfund Zucker und allerhand ganzes Gewürz mit Lemoni-Schäller untereinander; macht mit Wein einen so festen Taig, als seyn kann, an; walkt ihn messerruckendick aus, schneidt Fleckerl daraus wie eine Kartenblat; legt Mandeln darauf, wie die Karten Augen haben; schön braun gebacken.

Tyroler Strudel

Nimm 1/2 Pfund Mehl auf ein Nudelbret, 1 ganz Ey und 2 Dötter, 2 Löffel Germ, das übrige Milchram, salz ein wenig, mach also den Taig an; arbeit ihn gut ab, walch i[h]n messerruckendick aus, schlag ein 1/4 Pfund Butter darein und schlag ihn 4mal wie einen andern Buttertaig; alsdann walch ihn aus, bestreich die ganze Flecken mit zerlassenen Butter, nimm ein halb Viertelpfund Mandel und ebensoviel Weinberl und auch Zibeben, streu es auf die Flecken, rolle es zusammen, legs in eine Runde und in ein geschmirtes Reindl, laß gehen und backen; so ist es fertig.

Schwarze Brod-Torte

Bereite zu 1 Torte 8 Eyer und 6 Dötter in ein Häferl, nimm 1/2 Pfund gefähten Zucker darein, rühr es eine halbe Stund ab, bereite 1/2 Pfund kleingestossene Mandeln, aber nicht benezt in stossen; thu sie darein und wieder 3/4tel Stund gerührt. Auf die lezt nimm 2 gute Handvoll schwarz ...

Tyroler Strudel. 3

Nim ½ ℔ Mehl auf ein Nudelbrett, 1 ganz
Ey und 2 Dötter, 2 Löffel Rahm, den
übrigen Milchrahm, Salz ein wenig,
machet den Teig an, arbeit ihn gut
ab, walch ihn Messerrücken dick, dann
schlag ein ¼ ℔ Butter darein und
schlag ihn 4 mal wie einen andern Butter
teig, alsdann walch ihn aus, bestreich
die ganze Flecken mit zerlassenem
Butter, nim ein halb Viertel ℔ Mandel
und eben so viel Weinbeerl und auch
Zibeben, streu es auf die Flecken,
rolle es zusammen, lege in einen
Kranz und in ein geschmierte Rein,
lass es backen und bestreich so ist es fertig.

Schwarze Brod Torte.

Darnach zu 1 Torte 8 Eyer und 6 Dötter in
ein Häfen, nim ½ ℔ gestossenen Zucker
darein, rühr es eine halbe Stund ab, bestreu mit ½ ℔ klein gestossenen Mandeln,
aber nicht bunzt ungestossen, thue sie darein und wieder ¾ tel Stund gerührt. Auf
die letzt nim 2 gute Handvoll schwarz

geriebenes Haüsbrod, ein wenig gestossenen Gewürz Nagel, Zimmet, eine
geriebene Mußcatnuß, von einer Lemonie die Schäler klein geschnitten, unter
einander abgerührt, bestreiche ein
blechenes Tortenblatel samt Reif, das
Gerührte hineingeschütt. Man kann
auch geriebene Schokolad darunter
nehmen schön langsam gebacken und
Zücker darüber gemacht.

3 Schöpsen Schlegel in einer Stufate.

Man nimt den Schlegel, löst die Flachsen
heraus, wascht ihn sauber aus, salzt
ihn ein, spickt ihn mit Knofel, hackt
ein Stück Speck und ein paar saure
Zwiebel schön klein, leg den Schlegel
in eine Rein wie auch das Gehackte,
schütt Essig wein auch etwas Wasser
daran, einen Lemoni Schalen, ein wenig
Rosmarin, ein wenig Lorberblatel,
setz ihn auf die Glut und laß ihn schön
gemach abdünsten, hernach eine eine
schwarze Brodschmollen und reibe
schön klein, thu sie rösten in einer
Fetten und thu sie auch in den Schlegel
daß er eine dickliche Brühe bekomt.

... geriebenes Hausbrod, ein wenig gestossene Gewürz-Nagel, Zimmet, eine geriebene Muscatnuß, von einer Lemoni die Schäler kleingeschnitten, untereinander abgerührt, bestreiche ein flaches Tortenblatel samt Reif, das Gerührte hineingeschütt. Man kann auch geriebene Schokolad darunter nehmen, schön langsam gebacken und Eis darüber gemacht.

Schöpsen-Schlegel in einer Stufate

Man nimmt den Schlegel, lößt die Flächsen heraus, wascht ihn sauber aus, salzt ihn ein, spick ihn mit Knofel, hack ein Stuck Speck und ein paar Happel Zwiebel schön klein, leg den Schlegel in eine Rein wie auch das Gehackel, schütt Essig wie auch etwas Wasser daran, eine Lemoni-Schalen, ein wenig Rosmarin, ein wenig Lorberblatel, sez ihn auf die Glut und laß ihn schön gemach abdünsten; hernach nimm eine schwarze Brodschmollen und reib es schön klein, thu sie rösten in einer Fetten und thu sie auch in den Schlegel, daß es eine dicklichte Brüh bekomt.

Speck-Gries-Knödel zu machen

Nimm 1 Maßel Gries in ein Weidling, nimm 3/4 Pfund Speck, schneid ihn klein gewürfelt, laß ihn in einer Pfann heiß werden, brenn diesen Gries damit ab, salz und schneid einen Schnittling darunter, mach mit einer siedenden Rindsuppe an, mach Knödel davon, leg sie in eine siedende Suppe ein oder Wasser, richt sie an; so sind sie fertig.

March-Mandel

Man nimt einen Vierting geschwellte Mandeln, stoßt sie recht fein, rührt 6 Loth feingestossenen Zucker darunter, schlagt ein Eyerdotter und 4 ganze darunter, eins nach dem andern gut verrührt; nimmt von einer Lemoni kleingeschnittene Schällen darunter und rührt den Taig eine ganze Stund; schneid 2 Loth March gewürfelt, vermischt es nur ein wenig unter den Taig; nimmt 3 Loth Zitronat, die Hälfte gewürfelt, die Hälfte gestiftelt, und mengt es unter den gerührten Taig; füllt die Wandel mit Buttertaig in Boden aus, füllet die Hälfte mit dem gerührten Mandeltaig ein und backt sie schön langsam.

Speck Gries Knödel zu machen.

Nimm 1 Maßel Gries in ein Weidling,
nim 3/4 ℔ Speck, schneid ihn klein ge=
würfelt, lasse ihn in einer Pfann heiß
werden, brenn diesen Gries damit
ab, salz und schneid einen Schüttling
darunter, mach mit einer siedenden
Rindsuppe an, mach Knödel davon,
leg sie in eine siedende Suppe ein, oder
Wasser, siedt sie an, so sind sie fertig.

Marck Mandeln. 3

Man nimt einen Viertling geschelte
Mandeln, stoßt sie recht fein, nachher
6 Loth fein gestoßenen Zucker darun=
ter schlagt ein Eyerdotter und 4 ganze
Eyer darunter eins nach dem andern gut
verrührt, nimt von einer Lemoni
klein geschnittenen Schällen darunter,
und rührt den Teig eine ganze Stund
schneid 2 Loth Marck gewürfelt, ver=
mischt es nur ein wenig unter den
Teig, nimt 3 Loth Zitronat, die Hälfte
gewürfelt, die Hälfte geschnitelt
und menget es unter den gerührten Teig,
füllt die Model mit Butterteig in
Boden aus, füllt die Hälfte mit dem ge=
rührten Mandelteig ein, und backt sie schön lang=
sam.

Zimet Bögen:

Man nimmt einen 1/4 lb Mandeln, wischt sie
mit einem Tuch samt der Schällen sauber
ab und stoßt sie recht fein und treibt sie
durch einen Reiter, man nimmt 6 Loth
fein gestossenen Zucker in eine Weidling,
schlagt von 4 Eyer das Klar zu einem
dicken Schnee und rührt mit den gestossenen Zucker ein dickes Koch, man
nimmt von diesem Koch ein halbes Butter
becherl heraus, gibt unter das übergebliebene Koch in Weidling um 4 xr
gestossene Nagerl, rührt auch die gestossenen Mandeln darunter, aber
man verrührt es nur darein, man laßt
das Tortenblattel heiß werden, bestreicht
es gut mit weißen Wachs und wischt es
mit einem weißen Tuch wieder sauber ab, laß das Blattel auskühlen,
und streicht von diesem Teig halben
Messerrucken dick darauf, und stellt
es in einer geheizten Tortenpfanne und
backt es ganz gemach, wenn dieser
Teig die Hälfte gebacken ist, so schneid
man die Bögen in der Größe und
Breite wie man sie haben will, löst
sie mit dem Messer unten von dem

Zimet-Bögen

Man nimmt einen 1 1/4 Pfund Mandeln, wischt sie mit einen Tuch samt der Schäller sauber ab und stoßt sie recht fein und fäht sie durch eine Reiter; man nimmt 6 Loth feingestossenen Zucker in ein Weidling, schlagt von 4 Eyern die Klar zu einen dicken Schnee und rührt mit den gestossenen Zucker ein dickes Eis; man nimmt von diesen Eis ein halbes Kaffeebecherl heraus, rührt unter das übergebliebene Eis in Weidling um 4 Kreuzer gestossene Nagel, rührt auch die gestossenen Mandeln darunter, aber man verrührt es nur darein; man laßt das Tortenblatel heiß werden, bestreicht es gut mit weißen Wachs und wischt es mit einen weißen Tuch wieder sauber ab, laß das Blatel auskühlen, und streicht von diesen Taig halben Messerrucken dick darauf und stelt es in eine gehizte Tortenpfann und backt es ganz gemach; wenn dieser Taig die Hälfte gebacken ist, so schneid man die Bögen in der Größe und Weite, wie man sie haben will, löset sie mit dem Messer unten von dem …

… Blatel, legt sie über die Bögen, bereifet es mit dem übergebliebenen Eis und läßt sie in der Tortenpfann gut ausdrückern.

Aneiß-Holippen

Nimm 8 Loth Zucker in ein Häferl, von 4 Eyer die Klar zu einen festen Schnee und auch hinein, dann die 4 Dötter, kleingeschnittene Lemoni-Schäler und Aneis, dieses recht lang rühren, bis es recht dick ist; dann 8 Loth Mehl und etwas untereinander, das Blatel mit Butter schmieren und kleine runde Blazel und oben zuckern, gelblicht bakken; dann also warmer über den Finger biegen.

Pigerische Krapfen

Nimm 1 Pfund Mehl, 1 Seitl Milch, drey Eyerdötter, 2 ganze Eyer, nimm ein Eyer großes Stückel Schmalz, salze es, zucker es ein wenig und drey Löffel Germ, daß alles zusamm in ein Heferl und mache das Mehl damit an; schlage es gut ab, daß der Löffel davon fliegt, und thue den Teig auf das Bret, walche ihn nicht aus, sondern drucke ihn mit, steche Krapfen von aus, legs aufs Bret und bache sie, wenn sie gegangen sind.

Blatel, legt sie über die Bögen, bereitet es mit dem übergebliebenen Eis und läßt sie in der Tortenpfann gut aus-trücknen.

Aneiß Holippen.

Nimm 8 Loth Zucker in ein Häferl, von 4 Eyer die Klar zu einem Schnee schlagen und auch hinein, dann die 4 Dotter, klein geschnittene Lemoni Schäler und Aneis, dieses recht lang rühren bis es recht dick ist, dann 8 Loth Mehl und es gut untereinander, das Bla-tel mit Butter schmieren und kleine runde Flecke dar-von zu streichen, gelblicht backen, dann also warmer über ein Prügel biegen.

Pigerische Krapfen.

Nimm 1 lb Mehl, 1 Seitl Milch, vier Eyerdotter, 2 ganze Eyer, nimm vier Eyer, groß ein Nockerl Schmalz zerlassen, [illegible] und einen Löffel Germ, dieses alles zusammen in ein Häferl und mache das Mehl damit an, schlage es gut, [illegible] [illegible] [illegible] [illegible] [illegible] [illegible] [illegible] [illegible] backe sie wenn sie gegangen sind.

Sulz.

Nim Kalbsfüß, Kalbshaxen, Schaffüß, und was man von beinene Fleisch hat, dazu alle Gattung Würzen und Schaleten Zwibel, Gewürz Nelken Muscatnuß gewürz, zwey Lorberblattel, Lemonien Schallen, einen Theil Essig und einen Theil Wein, das übrige Wasser, sie soll das nicht zu sauer ist noch salzen, gib das was die Sulzen wird hinein, und wann es weich ist so nehm es heraus, und das übrige laß den dritten Theil einsieden, dan laß es [illegible] auskühlen und nim die Fetten recht sauber herunter, nim einen [illegible] und thue zwey Eyer hinein und zerschlagen sie, dan mache die Sulz [illegible] und seihe sie durch und gibs zu die zerschlagenen Eyer, gib Speis darunter [illegible] daß es aufsiedt [illegible], wann es aufsiedt so stelle weg und gib etwas [illegible] darauf daß sie sich klärt

Ein [illegible] zu machen.

Nimm 12 Loth Mehl auf das Brett, und 9 Loth Butter und 6 Loth Zucker und 4 Loth fein gestossene Mandeln, [illegible] Nageln, Zimmet, Lemonien [illegible] einen Dotter [illegible] [illegible] [illegible] und [illegible] und sie sind fertig.

Gugelhupf (von der [illegible])

Treib 1/2 ℔ Butter recht pflaumig ab, nimm 12 ganze Eyer und 12 Loth Mehl, nimm [illegible] Eyer und einen Löffel Mehl [illegible] alle 12 Eyer mit dem Mehl [illegible] 2 Löffel voll Germ und etwas [illegible] [illegible] [illegible] und er ist fertig.

Aspik

Thue Kälberfüß, Kalberhaxen, Schafüß und was man von beinern Fleischwerk noch hat, dan alle Gattung Wurzen und Spanischen Zwibel, Gewürz-Nelken, neues Gewürz, paar Lorberblattel, Lemonen-Schaller, einen Theil Essig und einen Theil Wein, daß übrige Wasser, so viel, daß nicht zu sauer ist und salzen; gib daß, was du sulzen wirst, hinein; und wen es weich ist, so nehme es heraus, und daß Übrige laß den dritten Theil einsieden; dan las es auskühlen und nim die Fetten recht bein Rein herunter; nim eine Rein und thue zwey Eyer hinein und zerschlage sie, dan mache die Sulz lau und seige sie durch und gibs zu die gegatschen Eyer, gib Glut darunter, daß es aufsied, rühre es öfters; wenn es aufsied, so stells weg und gib etwas von eine Aschen darauf, daß sie sich klärt.

Die Schneken zu machen

Nimm 12 Loth Mehl auf das Bret und 9 Loth Butter und 6 Loth Zucker und 4 Loth feingestossene Mandeln, hernach nimm Nageln, Zimet, Lemonie, Pomeranzen; mache den Teig zusammen mit einem Dotter, dann walche ihn aus messer rückenbreit, radle Streifen und fülle sie mit Eingesottenes und rolle sie zusamm, schmiere sie und backe sie; und sie sind fertig.

Kugelhupf (von der Sicardo)

Treib 1/2 Pfund Butter recht pflaumig ab, nimm 12 ganze Eyer und 12 Loth Mehl, nimm immer ein Eyer und einen Löfel Mehl und treib so alle 12 Eyer mit den Mehl pflaumig hinein; nimm etwas Salz, 2 Löffel voll Germ und etwas Zucker (die Germ muß aber abgewässert seyn), laß ihn gehen und bache ihm in Ofen, bestreue ihm auswendig mit Zucker; und er ist fertig.

Die Germ-Torte

Treib einen Vierting Butter, ein Vierting Schmalz recht gut ab, nimm 4 ganze Eyer, 4 Dötter, 2 Löffeln voll Germ, 3 Vierting Mehl. Streiche es auf das Blattel, auf die eine Hälfte gib Eingesottenes, von der andern Hälfte mach Stangeln und bache es.

Linzer Torte (vom Fleischmann)

Nimm 1/2 Pfund Mehl, ein 1/2 Pfund Butter auf das Bret, einen Vierting Mandeln, einen Vierting Zucker, etwas Lemonischäler, mach es mit 2 oder 3 Eyer öftern zusammen; gib einen Theil Teig auf das Blatel Eingesotenes und mach Stangeln von den übriggebliebenen Teig, schmier sie mit Eyer-Klar und bestreue sie mit Zucker, bach sie schön im Ofen; und sie ist fertig.

Baumwoll-Nudeln

Mann nimt 1/2 Seitl Obes, 6 Eyer Doter, 3 Löfel ausgewässerte dicke Germ, die wird abgesprudelt mit etwas Zucker, 1/2 Pfund Mehl wird damit angemacht kalt und gut abgeschlagen; dann wird das Nudl-Bret mit Mehl bestreut, der Teig einer Wurst gleichgewalkt, und Stükle, 2 Finger breit, geschnitten, in eine weite Rein gegeben weit auseinander, daß man sie bequem zwischen jeden mit Butter bestreichen kann; dann laßt man sie aufgehen, bestreicht sie mit Butter und gießt 1/2 Seidl Obes kalt darauf; wenn die Suppe zur Tafel geht, gibt man aber viel und unten wenig Gluth.

Gestirztes Gerstel

Mach einen Teig an, was 2 Eyer netzen, aber sehr fest; reibe ein Gerstel daraus, koch es in 3 Seidl Obes ein, laß es verkochen, bis es dick ist; stell es von der Gluth weg, rühre 6 Loth Butter daran, treib es gut ab, schlag 6 Dötter daran, eines nach den andern wohl ver[r]ührt; schlag von den 6 Eyern die Klar zu Schnee, rühre ihn darunter, reib einen Zucker mit einen Pomeranzen ab, daß es 6 Loth austragt; gib i[h]m darunter, rühre es eine Viertelstund ab, gib halbe Biscoten hinein, misch sie nur darunter, schmier ein Bek mit Butter, paniere es mit Semelpreseln aus, gib es hinein und bak es.

Die Grünen Torten:

Treib einen Vierting Butter, ein Vierting Schmalz gut ab nimm 4 ganze Eyer, 4 Dottern, 2 Löffel voll Grannt, 2 Vierting Mehl Arbeite es auf das Blattel auf die eine Hälfte gib eingesottenes [illegible] der andern Hälfte mach Kranzeln und back es.

Linzer Torte [illegible]

Nimm 1/2 ℔ Mehl, ein 1/2 Pfund Butter [illegible] Vierting Mandeln einen Vierting Zucker etwas [illegible] schälen [illegible] mach es mit 2 oder 3 Eyerdottern zusammen, [illegible] Theil [illegible] auf das Blattel ein [illegible] und mach Kranzeln von dem übrig gebliebenen [illegible] [illegible] Eyer [illegible] und bestreue sie mit Zucker backe sie schön und dann und sie ist fertig.

Baumwoll Nudeln.

Man nimmt 1/2 Seidl Obers, 6 Eyer Dotter, 3 Löffel [illegible] [illegible] Rahm, die wird abgesprudelt mit etwas Zucker [illegible] 1/2 ℔ Mehl wird darein [illegible] dann wird das Nudl Brett mit Mehl bestreut [illegible] dann wird es [illegible] und [illegible] [illegible] [illegible] [illegible] [illegible] [illegible] [illegible] [illegible] [illegible] 1/2 Seidl [illegible] [illegible] [illegible] [illegible] zum [illegible] Glut.

Geschnittene Grapfel

Man nimmt [illegible] 2 Eyer [illegible] [illegible] [illegible] [illegible] [illegible] [illegible] Butter [illegible] [illegible] 6 Dotter [illegible] [illegible] [illegible] 6 Eyer [illegible] [illegible] [illegible] [illegible] 6 Löffel [illegible] [illegible] [illegible] [illegible] [illegible] [illegible] [illegible] [illegible] mit Butter [illegible] [illegible] [illegible] und backe.

Gugelhupf (von [illegible])

Nimm 12 Loth Butter, treibe ihn flaumig ab, 4 Eyerdötter und 3 ganze, salze ihn, ein paar Löffel voll gut abgeschäumten [illegible] [illegible] ½ [illegible] Mehl ein paar Löffel [illegible] schlage ihn gut ab, laß ihn gehen, schmiere das [illegible] und [illegible] mit [illegible] [illegible].

Schaumschmarn 3

Schlage einen schönen Schaum von 2 Eyerweiß und 4 Loth Zucker etwas Vanille treibe es langsam in Rohr.

3 Guter Trunk zu machen.

Nimm 4 Maaß äpfel oder Traubenmost, laß ihn auf 2 Maaß einkochen, schäume ihn wohl, man kann auch etliche geschälte Äpfel hinein schneiden, wenn der Most kalt, so nimm 1 lb gelbes und ½ lb grünes „ und frischt= Mehl ½ Loth gestossene Nägelein und ½ Loth gestossenen Zimmet rühre es mit dem Most an, und fülle ihn ein.

Kugelhupf (von Fleischmann)

Nimm 12 Loth Butter, treibe ihn pflaumig ab, gib 4 Eyerdötter und 3 Ganze, salze ihn, ein paar Löffel voll gut abgewässerter Germ, zukkere ihn etwas, nimm 1/2 Pfund Mehl, ein paar Löffel Obes, schlag ihn gut ab, laß ihn gehen, schmiere das Bek und paniere es mit Preseln und bache ihn.

Schrannische Wint

Schlage einen schönen Schne von 2 Eierweis, 4 Pfund Zucker, etwas Vanilie, trikene es langsam in Ofen.

Guter Senft zu machen

Nimm 4 Maaß Äpfel oder Traubenmost, laß ihn auf 2 Maaß einkochen, schäume ihm wohl; mann kann auch etliche geschälte Quitten hineinschneiden; wenn der Most kalt, so nimm 1 Pfund gelbes und 1/2 Pfund grünes Senft-Mehl, 1/2 Loth gestosene Näglein und 1/2 Loth gestosenen Zimmet, rühre es mit dem Most an, und fülle ihn ein.

Gute Fasching-Krapfen

Schlage in ein Häfen 9 Eyerdötter, 1 Seidl warmes Obers, nicht gar ein Viertung zerlassenen Butter, dann 3 Löffel gute Germ, salze es, sprüdle es ab; nimm dann in einen Weidling Mehl, was du glaubst, stelle es auf den Ofen, daß es warm wird. Mache dann den Taig an, aber nicht gar zu fest, schlage ihn gut ab, bestreue das Bret mit Mehl, stich ihn aus, laß ihn gehen und backe sie schön.

Baumwolle-Nudeln

Den nämlichen Taig kannst du nehmen zu dem Germ- oder Baumwolle-Nudeln, welche auf einer Zinn-Schüßel gemacht werden, mit Obers aufgesetzt, unten und oben Glut; den Taig aber mache fester an. Bestreue sie mit Zucker und Zimmet.

Zwiebac-Koch

Nimm 1 und einhalb Vierting Zwiebach, schneide es in der Mitte auseinander, bestreiche einen Theil mit Eingesottenen und lege den andern darauf; schmiere ein Mohnbeck mit Butter, richte daß Zwiebach hinein, gieb in ein großes Seitl kaltes Obers, 11 Dötter, Vanili, Zucker, das es süß genug wird; sprudle es gut ab und gieße es eine Stunde vor den Anrichten darüber; wenn du anrichtest, so stelle es auf und backe es; es ist bald gut.

Gute [illegible]-Kugeln.

Schlage in ein Häfen 9 Eierdotter, 1 Seidel warmes Obers, nicht ganz 1 Vierting zerlassene Butter, dann 3 Löffel gute Germ, salze es, sprudle es ab, nimm dann ein [illegible] Schilling Mehl, was du glaubst, stelle es auf den Ofen, daß es warm wird. Mache den Teig an, aber nicht gar zu fest, schlage ihn gut ab, bestreue das Brett mit Mehl, ziehe ihn aus, laß sie gehen u. backe sie schön.

Baumwoll-Nudeln.

Den ordentlichen Teig brauchst du ungefähr zu den Germ-, oder Baumwoll-Nudeln, welche auf einer Blech-Schüssel gemacht werden, mit Obers angesetzt, unten u. oben Glut, den Teig aber mache schön an. Bestreue sie mit Zucker und Zimmet.

~~Anis Schatten~~

Zwieback Koch.

Nimm um ein ~~einen~~ halb Vierting Zwieback, schneide es in der Mitte auseinander, bestreiche einen Theil mit Eingesottenen u. lege den andern ~~d~~ darauf, schmiere ein Model mit Butter, richte das Zwieback hinein, gib u. ein großes Seidel kaltes Obers 11. Dotter Vanilli Zucker daß es süß genug wird, sprudle es gut ab u. gieße es eine Stunde vor dem Anrichten darüber, wenn du anrichtest so stelle es auf u. unter, es ist bald gut.

162

Topfen Nudel.

Nim 1 halben vierting Butter u 1 lb Topfen, treibe es mitsammen schön ab, salze es ein wenig gib 2 ganze Eyer u 2 Dotter darein, 2 gute Löffel Rahm u Mehl daß du den Teig auswalchen kanst, mache länglich runde Nudeln u in jede einen Schnitt, lasse sie gehen, daß nicht zu stark, dann ~~backe~~ backe sie schön langsam aus dem Schmalz.

Haschirte Äpfeln.

Schäle die Äpfel, schneide sie auseinander und dünste sie mit Wein, Zucker und Gewürz, wenn sie gut sind treibe ein Stück Butter ab, rühre ein paar Eyer darunter dann Semmelbröseln mit Wein angefeuchtet und die Hälfte von den Äpfeln fein zusammengeschnitten, etwas gestossenen Zucker gib ebenfalls darunter, schmiere eine Schüssel mit Butter, gib einen Theil von dem abgetriebenen darauf dann die ganzen Äpfeln und hernach das übrige von den abgetriebenen dann gib es in die Röhre, u backe es etwas auf.

Topfen-Nudel

Nimm 1 halben Vierting Butter und 1 Pfund Topfen, treibe es mitsammen fein ab, salze es ein wenig, gib 2 ganze Eyer und 2 Dötter darein, 2 gute Löffel Germ und Mehl, das du den Taig ausmachen kanst; mache länglich runde Nudel und in jede einen Schnitt, lasse sie gehn, doch nicht zu stark, dann backe sie schön langsam aus den Schmalz.

Faschirte Äpfeln

Schäle die Äpfel, schneide sie auseinander und dünste sie mit Wein, Zucker und Gewürz; wenn sie gut sind, treibe ein Stück Butter ab, rühr ein par Eyer darunter; dann Semmelbrösel, mit Wein angefeichtet, und die Hälfte von den Äpfeln, fein zusammengeschnitten, nebst gestossenen Zucker gib ebenfalls darunter; schmier eine Schüssel mit Butter, gib einen Theil von den abgetriebenen darauf, dann die ganzen Äpfeln und hernach das Übrige von den abgetriebenen, dann gib es in die Röhre; so lauft es etwas auf.

Sehr gutes Aneis-Brod zum Kaffe von der Frau v. Götz

Man nimmt ein halbes Seitel lichter gute Milch, 1 Löffel gute Germ und rührt Mehl darein, bis es zu einen Danpfel genug ist, welches man alsdann gut gehen läßt. Hernach nimmt man 4 Loth gestoßenen Zucker, 3 Loth zerlassenen Butter und ein großes Ey, Aneis und, wenn man will, Fenchel nach Belieben und etwas Salz, klopft Mehl hinein, in ganzen 1 Pfund. Wirk den Teig auf den Nudelbrett gut ab. Dann macht man 3 gleiche Theile, von diesen einen Zopf, welchen man auf dem Blech noch eine halbe Stunde gehen läßt, ihn dann mit einen Ey bestreichen und mit Zucker und gröblich geschnittenen Mandel bestreuen, läßt man ihn schön (?) backen (?).

Sehr gutes Anis Brod
zum Kaffee von der Frau v. Götz

Man nimt ein halbes Seitel laulichte gute Milch, 1 Löffel gute Germ, und rührt ~~ein Pfund~~ Mehl darein, bis es zu einem Dampfel genug ist, welches man als dann gut gehen läßt. Hernach nimt man 4 Loth gestossenen Zucker 3 Loth zerlassenen Butter und ein großes Ey, Anis und wenn man will Fenichel auch belieben und etwas Salz, klopft Mehl hinein in genugem [illegible]. Wirkt den Teig auf dem Nudelbrett gut ab. Dann macht man 3 gleiche Theile, von diesen einen Zopf welchen man auf dem Blech noch eine halbe Stunde gehen läßt, hernach mit einem Ey bestreichen damit Zucker zu gröblich geschnittenen Mandel bestreuen läßt und ihn schön [illegible].

Weinkoch.

¼ lb Zuckern wird mit 8 Dottern
eine gute Viertelstunde gerührt dann
werden 5 Lth gebähte u. gestoßene
Semmelbrösel. Darunter gemischt zu-
erst das Klar zu Schnee geschlagen. Jetzt wird
einen ausgeschmierten Model gegossen
u. gebacken. Wenn es halb gebacken ist schüttet
man 1 Seitel Glühwein darauf, das andere
gibt man zur Tafel.

Weinkoch

1/4 Pfund Zucker wird mit 6 Dötter eine gute Viertelstunde gerührt, dann werden 5 Loth gebähte und gestossene Semmelbrösel darunter gemischt, wie auch die Klar zu Schnee geschlagen. Es wird in einen ausgeschmirten Model gegossen und gebacken. Wann es halb gebacken ist, schüttet man 1/2 Seitel Glühwein daran; das andere gibt man zur Tafel.

Alte Maße und Gewichte

(nach: Wilhelm Rottleuthner, Alte lokale und nichtmetrische Gewichte und Maße und ihre Größen nach metrischem System, Innsbruck 1985)

Lot: in Innsbruck (1768) **ca. 17,5 Gramm**
Maß: Wien (1774–1875) ca. 1,42 Liter; Tirol (nach Wiener Maß) ca. 1,41 Liter; Tirol (nach Bozner Maß) **ca. 0,81 Liter**
Pfund: Nordtirol (1573–1826) **ca. 0,504 kg**; Südtirol **ca. 0,501 kg**
Quintel (Prise): der 128. Teil eines Pfundes; **ca. 3,93 Gramm**
Seitel (Seidel): der 4. Teil vom Maß; Tirol (nach Wiener Maß) ca. 0,35 Liter; Tirol (nach Bozner Maß): **ca. 0,2 Liter**
Vierting (Vierding): oder 8. Teil vom Wiener Pfund; **ca. 63 Gramm**

Mengenangaben, die an einen Geldbetrag (Kreuzer) gebunden sind, können nicht umgerechnet werden.

Bei Mengenangaben ohne Maßeinheit („Nimm eine halbe Obers …“) ist zumeist „Maß“ (siehe oben) zu ergänzen.

Glossar

A

abseigen: abtropfen, abseihen
Abschöpffett: Bratenfett
Abstauber: Stiel vom Kehrwisch
Alkermessaft, Alkernensaft: Saft einer Frucht (?)
Aneis, Aneiß: Anis
Ankel: unbekanntes Wort
Anteln: Enten
Antifi: Endiviensalat
Apartement-Suppen: vielleicht eine besonders gute herrschaftliche Suppe, angerichtet auf getoastetem Weißbrot
Arbes-Wasser: Kochwasser von grünen Erbsen
Artoffeln: Kartoffeln
Austern: in Form gebrachte dünne Teigschicht
bachen: backen

B

Bafeßel, Bafesen: Pofesen, in Butter gebackene, (mit z. B. faschiertem Hecht) belegte Weißbrotscheiben
Baiz: Beize
Bandel: siehe Kranawerthen
baniern, banirn: panieren
Batz: weiche Masse, Flüssigkeit?
Baumwoll-Nudeln: Dampfnudeln
Beck: Schüssel aus Blech, flache Backform
Beischel: Beuschel
Bertram: ein Kraut?, ein Gewürz?
Beysack: zusätzlicher Sack am Tuchfilter
Bisgotten: Biskotten
Bisgottenkoch: Biskottenauflauf
Bistazen: siehe Pistazen
bladlat: blättrig
Blamasche: unbekannte Speisenbezeichnung
blanschiren: blanchieren, mit heißem Wasser übergießen
Blatel: Blatt, runde Kuchen- oder Backform
Blätterln: Blasen
Blazel: Plätzchen, Keks
Botzen: noch vorhandener Blütenteil der Birne
Brandteich: Brandteig
Brätzel: Breze
Bratzeln: Füße
Brinseln: Teile vom Hähnchen?
Bris: Kalbsbries
Brod: Brot
Brodschmollen: Schwarzbrot ohne Rinde, weicher Innenteil des Brotes
Brot-Koch: Brotauflauf
Budin: Pudding

C

Charlote: Charlotte (Beiname für eine feine Apfelspeise)

D

Dalkerln: Dalken
Doktor-Schmarren: dem heutigen Kaiserschmarren ähnlich
Düntuch: dünnes Tuch?, Folie?

E

Eiergucken, Eyergucken: eine halbe Eierschale
Eingsottenes, Eingesottenes: eingesottene Früchte oder Beeren, Marmelade
Eis: Baisermasse (mit Zucker steifgeschlagenes Eiklar)
Eiter: Euter
Eiterl: Euter?

F

Fad: unbekanntes Wort
fähen: anwärmen; zu kleinsten Stücken machen (z. B. durch Reiben)
Fanilli: Vanille
Fasch: Faschiertes (Kleingeschnittenes oder Zerstampftes)
Faum: Schaum
fäumen (feimen): schäumen
Fischfasch: kleingeschnittener Fisch mit Ei und Brösel
Flächsen: Sehnen
Französel: Weißbrot, ähnlich der heutigen „Zeile“
Fritada-Pfann: Palatschinkenpfanne

G

Gabri: Capri?
gefäht: angewärmt
gefäumt: geschäumt, aufgeschlagen
Gefaumtes: Geschäumtes
gegatscht: zerdrückt, zerquetscht
Gelbe Ruben: Karotten
gelblet, gelblicht: gelblich, goldgelb
Gerben: Germ (Hefe)
Gerstl: Reibgerstl
Gerührtes: Gerührtes, hier vermutlich Buttermilch
geschwellt: geröstet
gesulzt: geliert
Gewichterln: Vertiefungen, in die Gewichte hineinkommen
Gnödel, Gnöderl: Knödel
Goler: eine Soße?
Gollo: Natursoß von Fleisch und Knochen
Graten: Gräten
Grem: Krem
Gren: Kren
Gries: Grieß

H

Hachseln: Schnepfenhaxe
Häferl, Heferl: kleiner Rührtopf
Hahnenkamm, Hahnenkamp: kleingeschnittenes Fleisch mit dicker Soße, auf das die verschiedenen Formen der Pasteten angerichtet werden
Handhabel: handgroße Stücke?
Happel: Häupel, Kopf, Rübe
Hasch: flaumig Gerührtes
Hasche: Faschiertes (Gehacktes) aus Kalbfleisch
Hausenblätter: „Hausblätter", wohl ein Geliermittel
Hefen: Rührtopf, Hafen
Himmelthau: gesüßte Breibasis
hölsch aus: höhle aus
Holippen: Hohlhippen
Hölzeln: Hölzchen (wie Zahnstocher)
holzicht: holzig

J

Jmber: Himbeere
Jmbersalzen: Himbeersulz, Himbeermarmelade

K

Kachel: große Schale, Suppenteller, Suppentopf
Kalrabi: Kohlrabi
Kalrabi-Kren: Kohlrabikern?, Inneres von einem Kohlrabi?
Kappaun: Kapaun, Rebhuhn?, Indian?, Truthahn?
Kappern: Kapern
Kapri: Kapern
Karmenadel: Karbonaden (kleine, gute Stücke von Kalb oder Rind)
Karteln: kleine rechteckige Teigstücke
Kastrol: Kasserolle
Kauli: Blumenkohl?, Rosenkohl?, Spargel?
Kerntel: unbekanntes Wort
Kindskoch: Auflauf
Kitten: Quitten
Klaß: Glasur
Kleiben: Kleie
Knofel: Knoblauch
Knötel: Knödel
Koch: Auflauf, Mus
Kochlöffel-Still: Kochlöffelstiel
Konsome: klare Kraftsuppe
Konsume: Auflauf, der in kleinen Bechern im Wasserbad gegart wird
Körndeln: Teile vom Lammschlögel
Koth: Schwanzansatz der Schnepfe?
Krampel: Füße
Kranawerthen: eine Gefügelart?
Krebsbutter: Mischung aus Butter und kleingeschnittenem Fleisch von Krebsen
Krebsschatteln: Teile vom Krebs
Kruserln: Streußel?, Krauses?, Gekräuseltes?
Kuttelkraut: Liebstöckl

L

langlichte: längliche
laulichtes: lauwarmes
Lemoni: Zitrone
Lungenbratl: Lungenbraten, Filet
March: siehe Mark
Margeron: Käsesorte
Mark: je nach Speise Vanillemark oder Knochenmark
Maschanzker: eine Apfelsorte
Maurachen: eine Art Gemüse?, eine Art Fisch?
Maultaschen: eine Art ländliches Gebäck
Melaun: Kuchen in Form eines Huhnes?
melben: mehlen
Meridon: wahrscheinlich Namensbezeichnung (wie Reis Trautmannsdorff zum Beispiel)
Mieß: Moos?
Mostbratl: Mostbraten
Mundmehl: feinste Art Mehl
Muscat: Muskat
Muskezana: Eigenname?

N

Nagel, Nägerl: Gewürznelke
netzen, nezen: anfeuchten; Redewendung: „was es nezt“: was es aufnehmen kann
Nudelreiterl: Nudelsieb (auch: Spätzlesieb)

O

Oblatblätter: Backoblaten
Ofner Wein: offener Wein (?; eher nicht), Wein aus Ofen (?, es könnte damit ungarischer Wein gemeint sein)
Olio: Öl?
Ortschwanzel: bestimmter Teil vom Rindsschlögel

P

Palmi: unbekanntes Wort
papen: pappen, kleben
Pasteteln: Pasteten
Peschamel, Peschmel: Bechamel
Petersill-Herzel: Inneres von frischer Petersilie
pfazen: herausbacken, bähen, rösten, toasten
Pigerische: abgeleitet vom Eigennamen Piger
Pistazen, Bistazen: Pistazien
Pomeranze: Orange
Porzlainkraut: ein Gewürzkraut, Liebstöckl?
Preserln: Brösel

R

Ragu, Ragou: Ragout; kleingeschnittenes Fleisch, Eier, Fisch oder Gemüse mit dicker Soße

Raif, Reif: Rand einer runden Kuchenform
Ramerl: kleine runde, auf Zucker gebakkene Teigfladen
ramlet: leicht braun
Ranft: Rand, Randstück
Regenwürm: in Milch gekochte Nudelspeise
Reindl, Reindel: Backtopf, Rein
Reisbirn: zur Birne geformter, gekochter Reis
Reiskoch: Reisauflauf
Reisspeiß: eine Art Reisauflauf
Riebeisen: Reibeisen
Ritscher: eine Marmelade
Rollate: Form für Faschiertes
Rosenkrapfeln: Schmalzgebäck in Rosenform
Rosoli: Rosenöl?

S

Salmin: ein Fisch?
Salsen, Salzen: Sulze, ein Kompott?
Sartellen: Sardellen
Schafüß: Schafsfüße
Schäler, Schäller: Schalen
Schambian, Schampian: Champignon
Schato, Schatto: Weinchaudeau
Schaumlöffel: Löffel zum Abrahmen
Scher-Ruben: eine besondere Rübenart; aus ihnen wird heute das Rübenkraut hergestellt
Schippel: Schüppel, Büschel, Bündel
Schlegerl: eine Form?
Schlickkrapfel: Schlipfkrapfen
Schmankerl: eine Art Palatschinke, mit Kindskoch zubereitet; besondere Delikatesse
Schmollen: weicher Kern von kleinem Weißbrotgebäck
Schnid: Schnitte
Schnittling: Schnittlauch
Schü: Natursoße aus Knochen, Natursaft vom Braten
Schül: Spargel?
seigen: seihen
Schunken: Schinken
Schunkenfleckerl: Schinkenfleckerl
schwaben: spülen
Schwamen: Pilze
Semel, Semmel: aus Weizenmehl hergestelltes Kleingebäck von meist runder Form
Semelbresel, Semmelbreßl, Semelpreseln: zerriebenes Weißbrot, Semmelbrösel
Semmelkoch: Semmelauflauf
sofl: so viel
Sor: vielleicht Sot (Absud, Brühe)?
Spagatkrapfen: mit Marmelade gefülltes Schmalzgebäck, das vor dem Bakken mit „Spagat“ zusammengebunden wird
Stingel: Stengel
Stritzeln: Teigstücke
Stufate: mit Schwarzbrot eingedickte Soße
Sulz: Aspik

T

Tegel: Einkochgläser
Thurn: Turm

U

ungeschwollen: nicht heiß geröstet

V

Vögel: eine Brotform
Vogel-Suppen: Geflügelsuppe

W

Waar: Ware, grüne Kräuter
Wandl, Wandel: Wanne, eine Backform
Weidling: Rührschüssel
Weinberl: Rosine
Weinschateln: Weinchaudeau
Weißkampf: unbekanntes Wort

Z

Zapfeln: Verzierungen mit Eiweiß-Zukker-Masse
Zeller: Sellerie
Zeltel: Rippe (Schokolade)
zerschleichen: langsam schmelzen
Zibeben: Sultaninen
Zimet, Zimmet: Zimt
Zirbisnißel: Zirbelnuß, hier Walnuß?
Ziwöben: siehe Zibeben
Zuckerkandel: Kandiszucker
zwerg: quer?
zwicken: mit den Fingern zusammendrücken
Zwiefel: Zwiebel

Luise Unterwurzacher, geboren in Virgen in Osttirol, war 33 Jahre als Gastwirtin tätig, ehe sie sich vor einigen Jahren in den Dienst des „Roten Kreuzes“ stellte. Unterwurzacher liebt die Berge, die Musik und alles „Lesbare“. Vom vorliegenden Kochbuch ist sie wegen der Schrift und wegen der edlen Rezepte begeistert.